いとも厳しく美はしく社殿成りて

明治神宮　戦後復興の軌跡

代々木の杜と鎮座地渋谷。
焼け跡からの再生物語

はじめに　――まごころの「道」――

明治神宮には三方向からなる参拝の道があります。一つは渋谷・青山界隈に隣接し、ファッショナブルな街として、多くの若者達で賑わう原宿方面よりの「表参道」。もう一方は、各種スポーツ施設からなる明治神宮外苑・千駄ヶ谷、予備校と専門学校などがある代々木方面からの「北参道」。そして、新宿副都心と甲州街道沿いの街からの「西参道」。これらの参道に連なる街並みは、常に時代を象徴する躍動的な「動」なる世界を生み出しております。明治神宮はこれらの街の鎮守の杜として、みどり美しい静寂な、神鎮《しず》まります「聖」なる世界が息づくところとして、今日、国内外より年間およそ一千万人の方々にお参りを頂き、「代々木の杜」として広く親しまれております。

この代々木・原宿一帯は、『明治神宮造営誌』によると、この地に明治神宮が鎮座になった八十八年前のころは、遥か遠くに富士山をも眺望できるほど、広々とした原野であったと誌《しる》されております。

明治四十五年七月三十日、偉大なる明治の終焉ともいうべき、明治天皇の崩御にのぞみ、国民の悲傷痛哭の情感はほどなく全国民の声として、天皇奉祀の神宮創建の請願が澎湃《ほうはい》として沸き起こり、その悲願は大正天皇の御裁可を賜り、ついに明治神宮鎮斎《ちんさい》のはこびとなりました。その鎮座地の選定にあたっては、御祭神にゆかりの深い、十数ヶ所の候補地の中から代々木の地が選ばれました。明治天皇の御遺徳を追慕する全国民のまごころは、約十万本の樹木の献木によって、人工の「永遠の杜」を創ろうという献納運動へと繋がり、神域づくりが始まりました。更に、当時の一道三府四十三県下より、延べ十一万人に及ぶ青年達が、境内の造成に携わり、大正九年（一九二〇）十一月一日、国民歓呼のうちに、明治天皇と皇后の昭憲皇太后の御神霊をお祀《まつ》りする、明治神宮が鎮座になったのであります。

その創建の壮挙は、美談となって数多く残されておりますが、これらは両御祭神がいかに国民から敬慕されてやまなかったかを物語るものであります。しかし、昭和二十年四月十四日未明、まことに恐れ多い極みでありましたが、先の大戦の戦火により、本殿を始め主要な建物はことごとく灰燼《かいじん》と化してしまいました。以降、占領下における艱難辛苦の時代を経て、昭和二十七年四月二十八日、サンフランシスコ講和条約の発効とともに、明治神宮外苑の諸施設も接収解除され、これらが本格的な再建の兆しともなり、国民からも「明治神宮の再建復興なくして、日本の戦後復興はない」との声も沸きあがり、翌昭和二十八年には明治神宮復興奉賛会が結成され、本格的に奉賛活動と復興事業が始まりました。その情熱と精神は鎮座当時に勝るとも劣らない熱誠となって、神々しくも壮麗で優美な本殿と、社殿などの諸建築物が見事に再建され、昭和三十三年十月三十一日、鎮座記念祭の前日、国民の衷情《ちゅうじょう》は感涙となり本殿遷座祭が斎行《さいこう》されたのでありました。

このように明治神宮の創建・造営から鎮座へ、更には、戦前・戦中・戦後の復興など、明治神宮の歴史的激動の変遷については、『明治神宮造営誌』を始め『明治神宮五十年誌』、『明治神宮外苑七十年誌』、『明治記念館五十年誌』などの年史編纂に加え、平成十二年には鎮座八十年記念事業として、『明治神宮叢書』（二十巻）を刊行いたしました。本年は社殿の復興より星霜《せいそう》を送ること五十年の慶年を迎えましたので、これを機会に新たな貴重な資料を始め、復興当時の再建に携わった多くの人々と、明治神宮に深い思いを寄せて下さっている方の語らいなどを含め、故《ふる》きを温《たず》ねて新しきを知るが如く、その時代その時代に刻まれたまごころの「道」に、満腔《まんこう》の敬意と感謝をもって、末永く歴史の記憶に留めることを願い、この『明治神宮　戦後復興の軌跡』を上梓いたしました。

結びに、本書の刊行に関わりました方々の、格別なご理解とご協力に対しまして深甚なる感謝と御礼を申し上げます。

平成二十年　十月

明治神宮宮司　中島精太郎

目次

2 代々木の杜再生秘話　復興を支えた心意気

1

明治神宮復興物語

まごころのリレー

プロローグ

「家族みんなが幸せでありますように」
「良縁に恵まれますように」

さまざまな願いを絵馬に託して、今日も明治神宮の御社頭には参拝の人々が溢れている。ところ狭しと捧げられたその絵馬が囲んでいるのは、大空に届かんばかりに枝を広げる大楠《くす》だ。注連縄《しめなわ》を張り巡らされた夫婦の楠は、その向かい側で対になって。たわわに葉を繁らせたこれらの巨木は、まるで背後に控える御社殿をお護りしているようにも見える。

昭和二十年四月、空襲のなか懸命に消火に努めた神職たちの祈りもむなしく、明治神宮はその社殿を焼失した。戦火に崩れ落ちる社殿を身に受けとめながら、それでも生き残ったのがあの三本の楠の木だった。真っ黒く焼け焦げた木

現在の明治神宮境内（遠藤貴也氏撮影）

肌が随分後まで痛ましかったという。

終戦後の明治神宮は、焼け跡にポツンと建てられた小さな仮社殿から始まった。誰もが今日食べていくだけで必死だった頃、この小さなお宮の前には、ある日は神宮再建のためにと浄財を持ち寄り、ある日は神前に捧げる野菜を届け、そしてまたある日は、自らの腕を頼んで馳せ参じる宮大工達の姿があった。昭和三十三年、多くの方々の汗と涙とまごころによって明治神宮の御社殿は甦った。

それから五十年。今では木肌に受けた焼け跡もその生命力で覆い尽くし、目を凝らさなければ気づかないまでに快復した大楠達。代々木の杜には、彼らだけが知っている再生の物語がある。風に揺られて紡ぎだすそのささやきに、しばし耳を傾けてみたい。

1-1 社殿炎上

◇御神霊をお護りして

昭和二十年四月十三日午後十一時零分、帝都東京に空襲警報が発令された。翌十四日午前二時二十三分にその警報が解除されるまでの約三時間二十分、市街には約百七十機のB29が来襲する。十四日午後四時の大本営発表は、明け方に見舞われた「市街地無差別爆撃」を伝え、さらに次のように続けた。「右爆撃により宮城、大宮御所及赤坂離宮内の一部の建物に発生せる火災は間もなく消火せるも明治神宮の本殿及拝殿は遂に焼失せり」。

御祭神明治天皇とその皇后である昭憲《しょうけん》皇太后の御霊《みたま》をお祀《まつ》りする本殿、参拝者がそこで手を合わせ祈りを捧げてきた拝殿は、この日またたく間に灰燼《かいじん》に帰した。後日の調査によれば、明治神宮境内を襲った焼夷弾は、この日だけで一千三百三十発に及んだという。その内、少なくとも二百発内外が神聖なる本殿・拝殿を中心

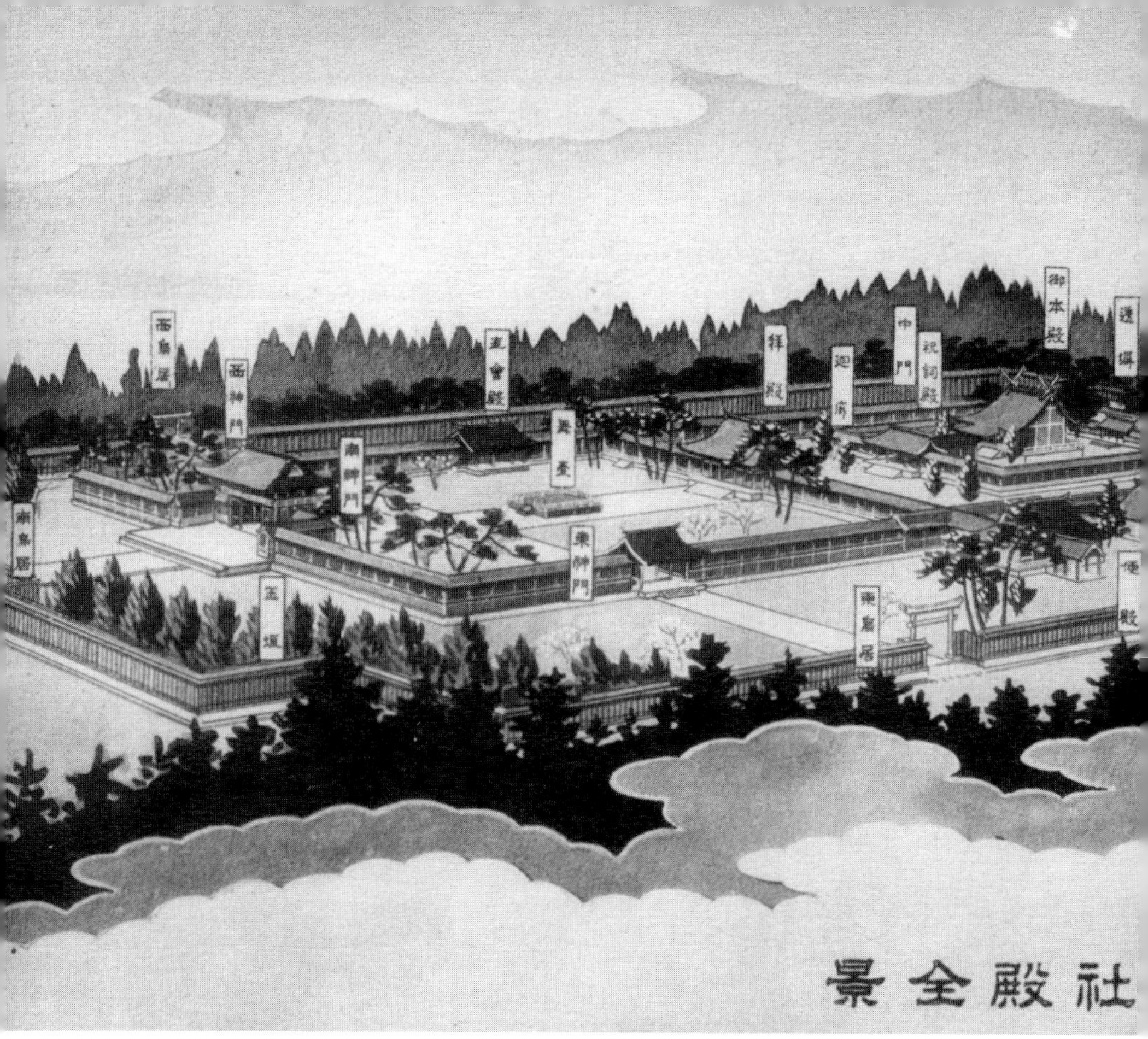

「明治神宮全景鳥瞰図」(『明治神宮畫集』より)

に投下されたものだった。

当夜、鷹司信輔《たかつかさのぶすけ》第五代宮司をはじめとした神職のほか、守衛及び林苑の技師らは総出で消火にあたった。当直員のほかに、官舎その他付近在住の職員も、警報の発令とともに集まった。その数、総勢三十二名。「奉仕執務ノ間ノミナラス家庭ニ於テモ常ニ職場ニ在ルノ心ヲ以テ決戦生活ニ徹底」することは、昭和十九年七月にサイパンが陥落し、同島基地から頻繁に敵機が本土に襲来するようになって以来の習いである。

職員ばかりではない。渋谷消防署を主力に、目黒・世田谷両消防署から合わせて二十四隊、約二百八十名が消防車で直ちに出動。軍隊も将校以下七、八百名が、師管区司令官の命により駆けつけた。地元住民が組織する警防団からは五十名を越える団員が、危険を顧みずに、集中砲火を浴びる明治神宮に馳せ参じた。たとえ御社殿が燃え尽きようとも――。現場に駆けつけた彼らが守り抜こうと必死になったものは、両祭神の御霊を宿す御神体――御霊代《みたましろ》――であった。被災直後に神職らがまとめた『明治神宮戦災記録』をもとに、その日を振り返ってみたい。

◇

十四日午前零時二十分頃、帝都上空に敵機飛来。神宮から見える東、北、西の三方の夜空が火炎で染まる。

零時四十分。「敵機低空を神宮上空に進入せり」と見る間に、大爆音。瞬時にして焼夷弾が多数落下し、社殿各所から火焔が上がる。本殿軒先、祝詞舎《のりとや》及び中門《ちゅうもん》に多数の被弾を認めた神職、福島信義主典《しゅてん》は、津田式手押しポンプを用いて消火。同氏は、当夜の宿直にして社殿防護担当の宿衛部長でもあった。同じく飯尾精主典も本殿屋上に上がり、延焼を食い止めるべく防御に努める。一旦は初期消火に成功したかに見えたが、延焼の火の手が拝殿全面に廻り、祝詞舎、中門に飛び火して一刻も猶予ならざる状況に至った。

◇宝物殿での一夜

午前一時。ここにおいて、かねてより本殿から宝庫へ遷《うつ》してお守りしてきた御霊代を、さらに宝物殿へ御動座すべきであることが福島主典から宮司に進言された。神宮では不測の事態に備え、昭和十七年に本殿脇に宝庫を新設した。いわば御祭神の防空壕である。その耐火設備に不備はなかったが、それでも御動座を決意したのは、「猛火の裡に（御霊代を）奉安し置くことは頗る恐懼と不安に堪えない」という思いからだった。

一時二十分。鷹司宮司以下神職八名は、宝庫からの奉遷を奉仕。広い芝地を挟んで社殿の北方に位置する宝物殿まで、距離にして約六百メートル。かつて館内に陳列されていた御祭神由来の品々は、既に十九年十月に西多摩に疎開搬出済みである。覆面、手套《しゅとう》、木綿襷《ゆうだすき》を掛け、修祓《しゅばつ》を終えた神職は、宝庫内陣の御扉を開いて御霊代を唐櫃《からひつ》に奉安。遷御《せんぎょ》の列は北神門から北玉垣鳥居を出で、深夜の苑内小径を進む。宝物殿正門から正面階段を昇り、館内中央の中倉に無事御動座が成った。時は一時

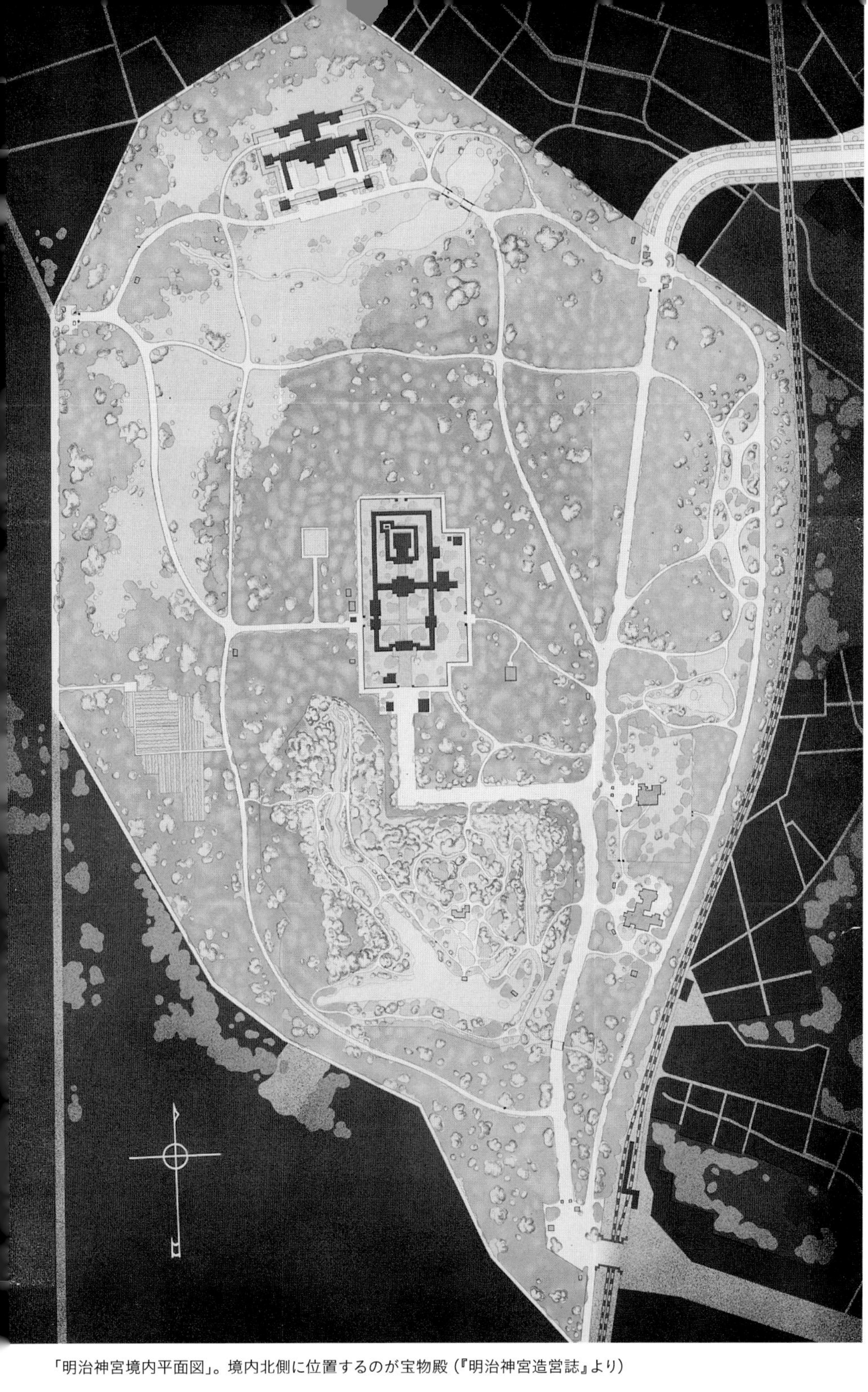

「明治神宮境内平面図」。境内北側に位置するのが宝物殿（『明治神宮造営誌』より）

三十九分。
ほぼ同じ頃、猛火に本殿が遂に再燃炎上する。宝庫前で御霊代を奉送後、現場に残った神職、高畠信次禰宜《ねぎ》と武田隆昭出仕は、消防隊員らとともに御神宝他の搬出にあたった。放水を全身に浴びながら本殿内陣に参入し、最後の一品までも運びだそうと試みたが、火煙に包まれ退出を余儀なくされる。その後二時二十三分に空襲警報が解除になっても、火の勢いは衰えず、漸く鎮火を見たのは、十四日午前五時過ぎのことだった。

◇

警防団や消防隊員らと一致協力して搬出に成功した御神宝、御衣《おんぞ》、御調度品類もまもなく宝物殿へ奉遷され、午前八時三十分、鷹司宮司、福島、飯尾両主典が奉仕して宝物殿動座奉告祭が執り行われた。この日、被災直後から来宮して炎上跡を拝し、さらに宝物殿において正式参拝をなしたのは以下の方々である。

午前三時　東京師管区司令官陸軍中将　寺倉正三
同　九時　東京都教育局長　生悦住求馬

炎上直後の明治神宮社殿。後方に黒焦げた柱が残っているのが本殿跡

同十時半　東京都長官陸軍大将　西尾壽造
同十一時半　東京都次長　兒玉九一
午後二時　内務大臣　安倍源基
同　警視総監　町村金五
同　三時　内閣総理大臣海軍大将男爵　鈴木貫太郎
同　国務大臣兼情報局総裁　下村　宏
同　五時　神祇院副総裁　飯沼一省
同　同　考証課長　阪本廣太郎

『明治神宮戦災記録』は記す、「噫《ああ》、御鎮座以来茲に二十五星霜、朝な夕なの御饌《みけ》の奉仕は申すに及ばず、事ある毎に祭儀を厳修して御神徳を慰め奉りし社殿も、至尊の幾度か御少憩あらせられたる便殿も、将た又一億の衆庶が子来の心もて斉《ひと》しく仰き奉りし拝殿も、大前に額《ぬか》づき伏したる其の石階も、今悉く烏有に帰し畢る。深き御神慮の在しませしか、畏れ多くも本殿の御柱《みはしら》のみは、御炎上後迄も焼け落ちず、黒々と林立せる姿は、仰ぎ見るに忍びず、奉仕の諸員は奉護の及ばざりしを恐懼すると共に、悲憤遣る方なく、或は地に伏し、或は痛哭時を久しくす」。

◆仮祭場での御奉祀

十四日未明の空襲に引き続き、十五日夜半にも大規模な空襲に見舞われる。二晩明けて十六日、御祭神の御霊代は宝物殿への一時避難から、再び宝庫へと奉遷された。鉄筋コンクリート造といえども、防空施設として万全とは言い難い宝物殿より、やはり宝庫が安全であることを確認したうえでのことである。以来終戦後の昭和二十一年五月に、ささやかな本殿と拝殿を備えた仮社殿が完成するまで、御霊代はこの宝庫に奉安されることになる。

地下に設備された宝庫への遷御は果たしても、地上は無惨な社殿の残骸である。この状況で、いったいどのように参拝者を迎えたのだろうか。翌十七日午前九時を期して再開された一般の参拝は、以下の方法に依るものだった。

一、一般参拝者の拝所は南神門石階下に、「拝所」の立札を立て、南神門は閉扉す。

南神門とは、大鳥居をくぐって正参道を進み、右折すると正面に見える大きな楼門である。激しい空襲をしのいで最後まで残った建造物の一つが、この南神門だった。今、その門扉は閉じられた。人々は手前から、楼門の向こう側を慮って手を合わせたのであろうか。

その後、四月二十九日の天長節祭奉仕に合わせるよう、東神門内北側砂利地に仮の祭場を建設する。それは、雨天の儀式の際に用いる組み立て式の幄舎《あくしゃ》を転用した、まさに仮りそめの祭場だった。

◇

明治神宮が被災したのは、四月十四日だけにとどまらなかった。五月に入り、ドイツが遂に無条件降伏。本土の空襲は益々激しさを増す。五月二十四日未明には、旧御殿が、二十五日の未明には、貴賓館（旧青山御所の表謁見所を移築したもの）及び附属禊場《みそぎじょう》が、二十六日未明には勅使殿《ちょくし》、斎館《さいかん》、社務所、隔雲亭《かくうんてい》が、いずれも焼夷弾により被災した。終戦時までながらえることができたのは、わずかに東・西・南・北の神門と廻廊の一部、宿衛舎及び宝物殿。――そして、森が残った。

平成四年まで四十七年間、神宮の森の維持管理に携わった林苑技師、内田方彬《まさよし》氏は、終戦前の明治神宮を知る数少ない旧職員である。東京府立園芸学校を卒業後、十八歳で奉職を始めたのが昭和二十年四月一日。「辞令を頂いて正式参拝をしたんですが、その時のことは今でも覚えています。荘厳なお宮でしたね。中庭の左側にはモチノキの枝振りの良いのが二本植わっていまして、雰囲気がよかった」。その荘厳な社殿が灰と化したのは、それから間もなくのことである。十四日、社殿炎上の晩は、千葉県市川の貸家にいた。東京の空が真っ赤に染まるのが見えたという。翌朝一番で駆けつけ、先輩と焼夷弾の数及び森の被害を調査して回った。「これが、私が明治神宮でした最初の仕事です」。内田氏によれば、B29は本殿を集中攻撃していたようで、本殿脇及びその後方からたくさんの焼夷弾を発見したという。

その内田氏も五月二十六日未明には、燃え上がる社務所に手押しポンプを使って必死に消火活動にあたることになる。渋谷が火の海と化したこの晩、明治神宮の森は多くの人の避難の場ともなった。「この森が焼けなかったのは、常緑広葉樹林だから火に強かったというのもあるのではないでしょうか。針葉樹でしたら脂分が多いので焼けてしまっていたかもしれない」。

大都会東京に広がる常緑広葉樹の杜、明治神宮。その再生の物語を始めるまえに、誕生までの歴史をここで少し振り返りたい。

◘明治神宮の創建は大正時代

大正九年十一月一日。明治神宮は、明治天皇と皇后である昭憲《しょうけん》皇太后をお祀りする神社として、この日鎮座祭を迎えた。当時の様子を知らせる新聞記事によれば、この日だけでも全国から約五十万人の参拝があり、表参道・北参道・西参道といずれも「鈴生《な》る群衆」で大変な賑わいであったという。まさに多くの国民が待ちに待った明治神宮の誕生であった。

遡ること八年前。明治四十五年七月三十日、皇居前広場で御平癒を祈る人々の祈りも虚しく、明治天皇の崩御が伝えられた。せめて御陵をこの東京にと御料車の京都行きを鉄道の枕木に身を横たえてお止めしようという者があらわれるほど、当時の悲しみは大きいものであった。しかし、伏見桃山陵のことは天皇自らの御在世中よりの思し召しであったため、それでは陛下の御神霊をお祀りする神宮

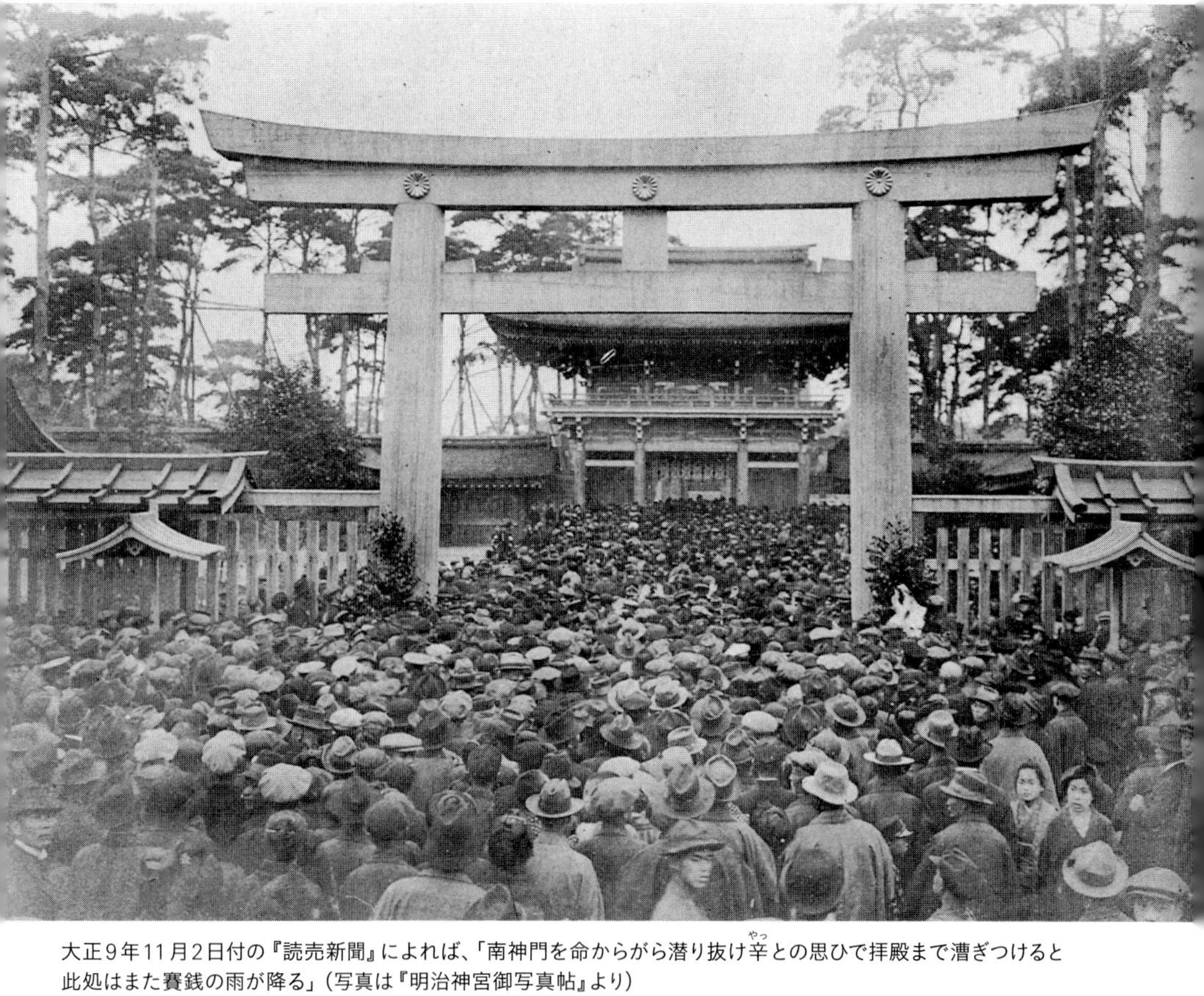

大正9年11月2日付の『読売新聞』によれば、「南神門を命からがら潜り抜け辛《やっ》との思ひで拝殿まで漕ぎつけると此処はまた賽銭の雨が降る」（写真は『明治神宮御写真帖』より）

の創建をと請願が全国各所より提出されることになる。なかでも東京市民の動きは大きかった。大正元年八月一日即ち崩御の翌々日には、在京の有志が東京商業会議所で協議会を開いている。「神宮ハ内苑外苑ノ地域ヲ定メ内苑ハ国費ヲ以テ外苑ハ献費ヲ以テ御造営ノ事ニ定メラレ度候」。神社は国家の宗祀であり内務省がこれを管轄した戦前のことである。国費によって内苑が造られようとも、広く国民の献資を募ってこれを内苑に対する外苑とし、来るべき明治神宮に奉納しよう。今に繋がるこのような計画が既に、八月二十日には彼らによって覚書にされている。この運動を終始リードし明治神宮創建後もその支えとなったのは、近代屈指の実業家・渋澤栄一氏、東京市長・阪谷芳郎《さかたによしろう》氏、東京商業会議所会頭・中野武営《ぶえい》氏らであった。

このような請願運動に後押しをされ、大正二年七月明治天皇一年祭の後、政府は直ちに神宮創建の準備に着手。十月二十八日閣議をもって天皇奉祀並びにその設備等に関する調査機関を設置した。この間に大正三年四月十一日昭憲皇太后が崩御されるや、合祀のことが確定された。調査会の任務も終了した大正四年四月二十日、奉請の如く御裁可となり、次いで五月一日、明治神宮造営決定が内務省告示により発表になる。

一、明治神宮
　祭神
　　明治天皇
　　昭憲皇太后
右東京府下豊多摩郡代々幡村大字代々木ニ社殿
　創立社格ヲ官幣大社ニ列セラル旨仰出サル

さっそく内務省に明治神宮造営局が設置され御造営が開始された。

参道工事作業中の石川県能美郡青年団。同団の奉仕は大正９年８月25日から９月３日まで続いた。
団員52名（『明治神宮御写真帖』より）

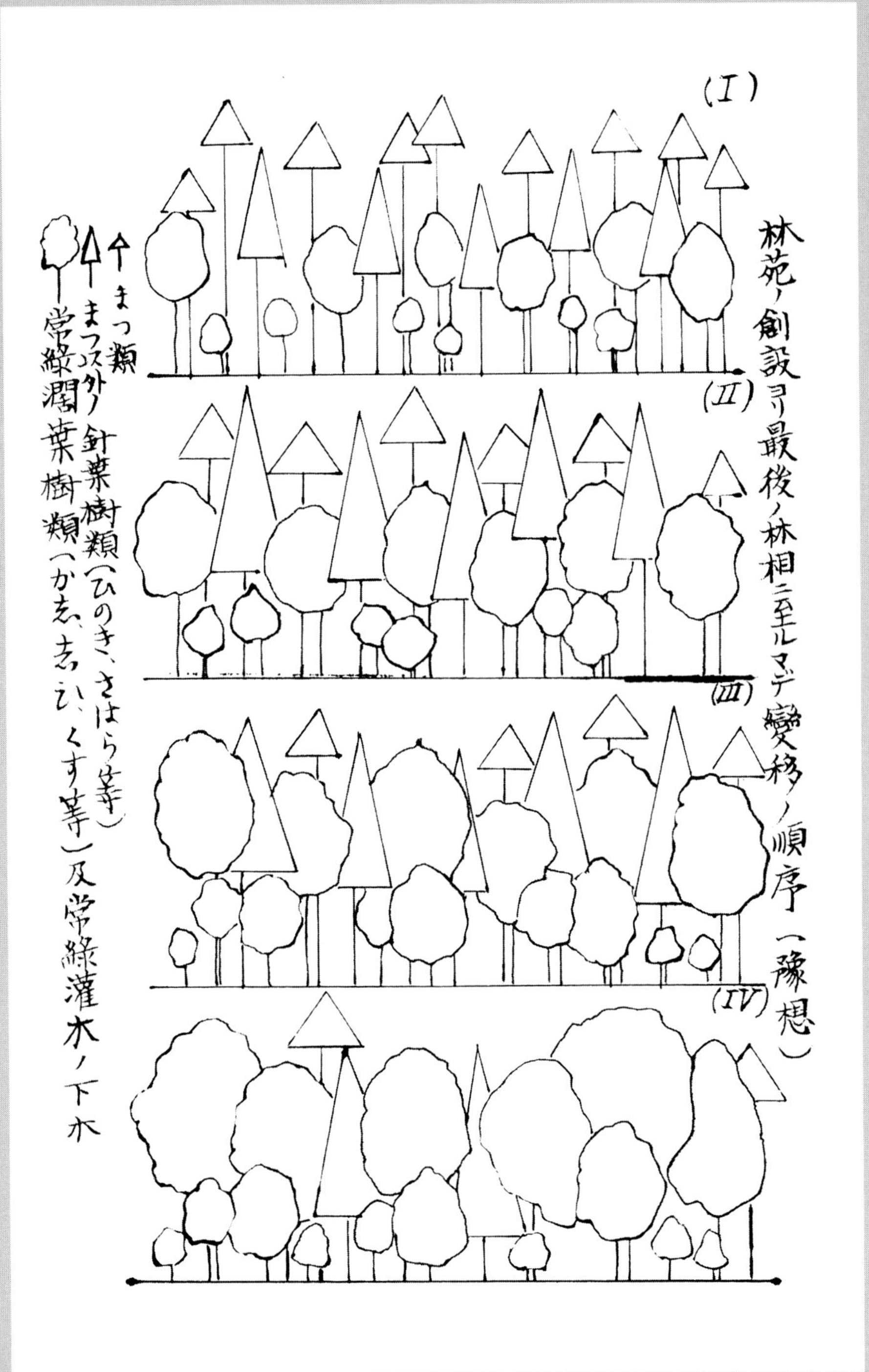

明治神宮の森を造営した林学者らは、50年後、100年後、150年後を念頭においた3段階の森作りを構想していた（『明治神宮御境内林苑計画』より）

◇永遠の杜、荘厳な社殿

明治神宮造営の三大美談と伝えられるものがある。その一は、第一次世界大戦の勃発にともない物価高騰の折から、延べ十一万人にのぼる全国青年団による勤労奉仕が実現したこと。また一に、全国から十万本、三百余種にわたる献木によって一大社叢《しゃそう》が完成したこと。そして一に、明治神宮奉賛会が結成され、内外同胞から一千万円におよぶ浄財を以て、神宮外苑の諸施設が献納されたこと。

戦火に惑う人々を抱いたその森は、全国からの熱誠奉仕と献木によって誕生したものであった。その植林事業にあたっては「大綱は厳として一つよりほかにはない、それはここに『永遠の杜』を現はせばよいので、その手段如何にかかっている」として、周到な準備計画をなした林学者達の努力があった。恰《あたか》も天然林のように百年、千年と誠を伝えるべく、代々木の土地の自然環境を熟知して創り上げられたのが、あの常緑広葉樹の森だったのである。

そして、外苑を献納したという明治神宮奉賛会こそ、渋澤栄一氏ら在京有志が大正元年に立ち上げた協議会が発展して設立されたものである。その会員数は国内外で九万四千二百四十八名を数えるに至った。神宮外苑は大正十五年までに造営が完了し、神宮に奉献されることになる。

◇

大正九年に創建された明治神宮社殿は、総檜《ひのき》素木の流造《ながれづくり》、屋根は檜皮葺《ひわだぶき》、総建坪は五百九十二坪に及ぶ。この社殿構想を担当したのは、日本建築史学の創始者である建築家、伊東忠太氏である。慶応三年に生まれた同氏は、帝国大学工科大学（現在の東京大学工学部）を卒業し、築地本願寺や湯島聖堂など生涯で数多くの社寺建築を手がけた。その氏が五十歳を迎える頃、調査会メンバーとして根本方針を決定するところから始めて造営局参与として工事全般を与り、さらに工営課長として社殿建築の設計監督を担当したのが明治神宮である。「権現造《ごんげんづくり》は元来神仏混淆《こんこう》の様式なるを以て、今日の用に適せず、又神明造《しんめいづくり》は形式簡古に過ぎ、且つ蓊鬱《おううつ》たる老杉の間に配置せらるゝにあらざれば、其の風

格を生ざるを以て、今直に之に拠ること能はず。独り流造に至っては、平安朝以来今日に至るまで、全国一般に行はれたる最も普通の典型にして、単調に失せず、蕪雑に流れず、典雅にして荘重、優麗にして端厳、蓋し神社建築中最も体裁を得たるもの」。これが、伊東氏が流造を社殿様式に採用するに至った考えだった。

しかし、建築計画は一朝一夕になされたものではない。否、新時代を切り拓いた明治天皇をお祀りする神社であるからには、「建物ニ、建物以外ノ神社全体ニ付テ、何カ明治ト云フモノヽ特徴ヲ表ハスコトハ到底出来ナイモノノカ」と長い議論を尽くして出来上がったのが、明治神宮社殿であった。調査会の議事録を見れば、他の神社の造営とは異なるから「『サムシング』ガナクテハ明治神宮ノ本旨ト云フモノハ少シ足リナイヤウニ思フ」という意見や、「今日ノ所謂明治式ヲ加味スルガ宜イテハナイカ」という提案が出されるなど、まさに根本方針から協議を重ねたことが分かる。伊東氏自身も、「現代の芸術の最善を尽した明治新型の建築を実現したい」と構想したこともあった。その伊東氏らが最終的に流造に求めたものは、新殿と、そこで厳修されるべき古来からの祭祀と、そして老杉ではなくして生き生きとした広葉樹の社叢と、それらすべての調和であった。『明治神宮造営誌』の一文にも先人達の労苦がうかがわれる。

適宜ニ明治大正ノ新手法ヲ適用シテ美ヲ発揮シ材料ノ如キモ亦世間往々不燃質物ヲ用キテ永久ノ

大正９年創建時の明治神宮境内。拝殿の屋根を見れば檜皮葺であることが分かる。
境内に多く見られた枝ぶりのいい松の木は空襲でも焼け残ったが、その後マツクイムシの被害をうけた

計ヲ立ツヘシト論スルモノアルモ流造ノ様式ニハ相応シカラサルヲ以テ清浄ナル檜ノ巨材ヲ木曾御料林ヨリ採リ堅牢荘厳ナル社殿ヲ構造シ人ヲシテ一種懐古ノ情ヲ催シ徐ニ敬虔ノ念ヲ起サシメ……。

その「荘厳ナル」社殿が、一夜の猛火に失われたのだ。

1-2
焼け跡からの出発

◇全国から寄せられた手紙

社殿焼失の報を新聞やラジオで知った国民からは、多くの手紙が明治神宮に寄せられた。戦災翌日から五日間の間に届いたものだけで、その数は実に四十通を超えたという。「御再建料の一部に」と、四月十五日付で為替十円を添えて寄こした品川区の男性。「お神楽《かぐら》をあげて下さい」と、五円を同封する大森区久原の女性。東京だけではない。

謹白　此度の御災害には実に中上ぐる言葉も御座居ません。田舎の貧民が汗の一文で御恥しく御座居ますが　長者の萬燈より貧者の一燈とか　心のためを御納め下され度御見舞申上候

新潟県刈羽郡鵜川村の男性である。また福岡県立筑紫高等女学校に在籍する一女学生からは、一クラス六十名分という為替二百五十円とともに、神宮復興を痛切に願う手紙が届いている。

私達は日々工場で敢闘して居る女学生でございます。沖縄決戦いよいよはげしくなってまゐ

ります時、毎日新聞ラヂオで報道されます特攻隊の方々のお働きを承ります度に感泣し、男と生まれなかった事を残念で残念でたまらなく思ふのでございます。又、敵機の来襲も次第に繁しくなり、此の福岡も毎日の様に警報のサイレンを聞くやうになりました。しかし私達はますます張り切って、工場で頑張って居ります。先に憎い敵機は恐れ多くも大宮御所、伊勢の外宮などいとも尊いところを侵し奉り、そして又去る四月十四日の空襲には、恐れ多くも宮城、明治神宮、私達日本人の尊崇の中心であるところを侵し奉った暴虐きはまる此の行為、此のことを承った時の憎しさ、口惜しさ憤しさ、胸からつき上げて来る憤怒の涙をどうする事も出来ませんでした。

先日の新聞によりますと、明治神宮御復興の工事は既に進められ、帝都や其の附近の学徒の方々も工事に奉仕されていらっしゃるとのこと。私達も是非これに加へて頂きたいのでございますが、何分九州のこと故それも出来ませず、それで工場よりお年玉や会社増資のお祝等にいただきましたお金をお送りして、少しでもお役に立てていただかうと話しあったのでございます。僅かのお金ではございますが私達はもうかうせずには居られなかったのでございます。どうか僅かではございますが何かのお役に立てて下さいませ。お願ひ致します。此れが御復興に万分の一、百分の一でもお役に立ちましたら、私達のこれに越した喜びはございません。御復興の一日も早からんことをお祈り致します。

或る者は神戸練習船「暁丸」の甲板から、また或る者は大阪陸軍病院のベッドの上から。まさに何物にも代え難い、明日への「一燈」だった。

◆仙台青年学徒の御用材献納

四月十七日午後、田中喜芳権宮司への面会を求めて三名の青年が神宮を訪れた。仙台から上京した第二高等学校明善寮の学生達である。明治神宮『社務日誌』によれば、「同校明善寮幹事ハ六万九千七百八十二円ノ予算ヲ以テ　明善寮神社造営ノ目的ヲ以テ　已ニ資金資材ヲ集メタルガ　明治神宮ノ御炎上ヲ聞キ　今ハ明善寮神社造営等ヲ云為スル場合ニアラザルト考へ　収集セル資材東北ヒバ丸太ノママ百四十三石二斗　製材セルモノ二百六十三石九斗六升ヲ　当神宮復興用トシテ奉納シタシ云々」。

明善寮神社造営に向けて準備した御用材を明治神宮社殿再建のために役立てたいという青年達の申し出に、権宮司をはじめ関係者一同はおおいに感激した。その後、野口明校長等の特別の斡旋があり、輸送が困難な時局下にも拘らず、貨車六両立てで仙台からの輸送を果たす。貴重な御用材は、五月九日から十二日の間に境内に搬入された。彼らの赤誠なくして、終戦直後に仮社殿建設に着手することは不可能だった。

仙台の青年学徒らが献納した御用材の不足分を充当し、さらに仮社殿造営に予算度外視で尽力したのは、「土建報国」精神で知られた神部《かんべ》満之助社長率いる建設会社「間組《はざまぐみ》」であった。その献身的な造営奉仕の詳細は次章に譲る。巻脚絆《きゃはん》に地下足袋姿で現場に日参し、作業員を指揮したという神部社長。同氏が、昭和三十三年に明治神宮の再建が成り遷座祭を迎えた際、その感激を託して神宮に奉納したという漢詩をここでは紹介したい。

明治神宮遷座祭恭賦

明治天皇為聖君　明治天皇は聖君におはしまし
赫赫稜威輝八紘　赫々たる稜威《みいつ》、八紘に輝く

社殿を失った明治神宮。旧拝殿敷地に仮社殿が建てられているのが見える

一朝戦火汚霊域　一朝戦火、霊域を汚すや
率先奉公営仮宮　率先奉公仮宮を営み奉つる。
当時参拝如点滴　当時参拝点滴の如し
方今老弱満神苑　方今老弱神苑に満つ
仰瞻本殿荘厳美　仰ぎ瞻《み》る本殿荘厳の美を
遷座盛儀億兆慶　遷座の盛儀、億兆慶ぶ
忠孝一致徹微結　忠孝一致微結に徹し、
復興祖国対恩光　祖国を復興して恩光に対へ奉つる。

昭和二十年九月十一日、小規模ながらも本殿、祝詞殿、拝殿等を備えた仮殿の地鎮祭が、旧拝殿の敷地で厳かに斎行された。それは、焼け跡に届けられた国民多くの希望のともし火が、明治神宮の新たな道筋を大きく照らし出した瞬間だった。

◇占領下の明治神宮

昭和二十年八月十五日正午。終戦の詔勅《しょうちょく》の放送を、鷹司宮司以下神宮職員は焼失した社務所の代わりに使用していた宝物殿事務室の廊下に整列して謹聴した。この日の午後、閉ざされた南神門の前には大御前にひれ伏し謝す人々が絶えなかったという。九月二日、東京湾上のミズーリ戦艦上で降伏文書の調印式が行われ、日本は直ちにアメリカを中心とする連合軍の占領下に入った。早くも四日には、連合軍兵士が明治神宮外苑の下検分に訪れている。十八日、外苑は米軍のレクリエーション施設として全面的に接収されるに至る。

明治神宮内苑南参道入口には、皇居坂下門や靖國神社と同様に進駐軍の衛兵が立つようになった。

その後、十月十五日には北参道、翌年五月には西参道及び第三鳥居の前にも順次、米軍の歩哨《ほしょう》が立つに至る。これは、「米軍ハ宮城・離宮ソノ他皇族方御邸宅及明治神宮・靖國神社・乃木神社・東郷神社・泉岳寺ソノ他ノ社寺ニ対シ侵入、占領、破壊、冒涜等ノ行為ヲナスベカラザルコト」というマッカーサー総司令官の特別命令によるものであった。事実、連合軍兵士やその家族が苑内の樹木を傷つけ伐り倒したり、制止をふり切って自動車で乗り入れるなど問題も多かった。

第三鳥居付近の進駐軍衛兵。米軍家族住宅ワシントンハイツから参拝に来る兵士及びその家族も多かった

　進駐軍歩兵の姿に恐れをなし、神宮は占領され参拝できないと感じた国民もあったことだろう。「本日ハ終日ノ降雨ト南参道ヨリスル参拝者ノ米軍歩哨沮止ニヨリ極メテ少ク僅ニ五十四人ナリキ」。昭和二十年十月或る日の『社務日誌』である。興味深いことに、昭和三十四年に東京都観光協会が編集発行した

『首都東京大観』は、占領当時の状況を以下のように振り返っている。「靖國神社、明治神宮、泉岳寺などの神社仏閣は戦前から市街地の観光ルート中の重要ポイントになっていたが、戦後は参拝者の数が激減を示し、総司令部の命令もあり、都としても表立っての宣伝がはばかられていて今までの観光ルートはかなりの修正を余儀なくされた」（傍点筆者）。

この状態は、昭和二十七年に講和条約が発効し日本が独立を回復するとともに元に戻ったという。言うまでもなく靖國神社は祖国に身を捧げた英霊を祀る神社であり、そして泉岳寺は「忠臣蔵」で知られる赤穂四十七士の墓所である。明治神宮とともに、占領軍が日本人「忠君愛国」の象徴として警戒した場所であったことも事実だった。

内苑に隣接する代々木練兵場の広大な敷地は、米軍家族住宅ワシントンハイツに姿を変える。終戦から六十三年、現在に至るまで、明治神宮のみならず戦後の神社界に甚大な影響を与え続けてきた種々の重要な変革がなされたのは、この占領下においてのことだった。

◇

昭和二十年十二月十五日、ＧＨＱから日本政府に対する覚書として、「神道指令」（国家神道、神社神道ニ対スル政府ノ保証、支援、保全、監督並ニ弘布ノ廃止ニ関スル件）が発令される。日本政府はこれをうけて、伊勢の神宮や明治神宮に対する遥拝の取り止めを指示。十二月二十八日に制定された宗教法人令は、翌二十一年二月二日に神道指令を勘案して「神社（神宮を含む）」を対象に加えた法令として改正された。翌日二月三日に設立された神社本庁に、明治神宮が宗教法人として「神宮規則」を届出したのが五月十三日のことである。

従前の国の管理を離れ一宗教法人として再出発するにあたり、明治神宮においては終戦当初から議論が重ねられてきた。その一つの重要な会議が、昭和二十一年二月十五日に開かれた「明治神宮の将来に関する懇談会」である。大正九年の創建時から神宮を支えてきた宮地直一氏、吉田茂氏ら十二名の斯界の関係者と鷹司宮司以下職員七名が出席した。一、社頭（祭祀・参拝・授与品）に関する件、

昭和22年5月1日、明治神宮崇敬会の第1回崇敬者大祭。拝殿前特設舞台での奉祝行事の様子。進駐軍関係者が見える

二、御神徳発揚に関する件、三、年中行事に関する件、四、建造物（現在及び将来新築の建造物）に関する件、五、境内（境内地・林苑）に関する件、六、崇敬者団体（機構組織・運営）に関する件、七、外苑に関する件。当日の議題を見れば、いかに「明治神宮の将来」に課題が山積していたのかが明らかである。

これからの神宮の維持管理は如何にあるべきかが話し合われるなかで、「当神宮の如き氏子を持たざる神社にあっては、之に代ふるに崇敬者の団体を結成することが緊急の要件」であると、強くその意を明らかにしたのは渋谷区長の中川徹次氏であった。「当神宮の再建復興は進駐軍占領中に実施し、我が国民の意気を示したいものである」。中川区長の主張に出席者一同おおいに賛同し、崇敬者団体設立に向けての具体化がここからスタートすることになる。

◇仮社殿に再生を誓って

昭和二十一年五月三十一日、終戦直後の九月から半年をかけて造営を進めてきた仮殿の竣功がなり、宝庫からその仮殿へ御霊代をお遷しする仮殿遷座の儀が、無事執り行われた。戦後になって初めての手数入《でずいり》も、大日本相撲協会によって奉納。安藝の海、照國両横綱がその大役を果たした。六日間にわたった諸行事は、実に戦後最初の明治神宮における大きな祭典となった。

焼失した旧拝殿跡地に建てられた明治神宮仮社殿。
昭和27年7月30日の明治天皇祭では、この仮殿に天皇・皇后両陛下の行幸啓を仰いだ

神宮はこの仮殿竣功を機会に、六月一日から被災以来閉鎖していた神門を参拝者に開く。この同じ日、さきの懇談会以来設立の準備が進められてきた「明治神宮崇敬会」も誕生する。その趣意書には、「明治神宮御創建の由来を明にし、広く全国崇敬者中の篤志家を以て明治神宮崇敬会を組織し、神宮の御経営を奉賛すると共に、御祭神の御盛徳を奉戴して永遠に崇敬追慕の誠を致し」と、その理念が宣言されている。

翌年二十二年五月一日、崇敬会員二百六十名が参集して第一回崇敬者大祭が挙行された。仮社殿前特設舞台では、宮内庁楽部楽友会によって舞楽が奉納となる。この舞楽は、戦前は官幣大社列格記念日である五月一日に毎年奉奏されていたが、戦争激化とともに中断されていた。それがこれを機会に

奉祝行事として復活し、従来は宮廷の秘楽とされたものが数多くの崇敬者の目に、耳に入ることになったのだ。後年これが春の大祭となり、十一月三日の例祭を中心とする秋の大祭とともに、明治神宮の大奉祝行事として成長することになる。

昭和十五年から明治神宮に神職として奉職し、後に権宮司を務めた副島廣之氏は当時をこう振り返っている。

　五月に大祭を行うこと自体が戦後初めてですし、本当の崇敬者が集ってお祭りをするという感じでした。今では例年行われている浦安の舞もこの時初めて奏されたわけです。むろん装束もありませんし、巫女もいませんからみんな他所から頼みました。

この浦安の舞作曲者でもある元宮内省楽部楽長多忠朝氏に曲を依頼した明治神宮唱歌が、この年の七月三十日明治天皇祭に、はじめて職員以下参列者一同によって奉唱される。詞は明治天皇が御自らお詠みになられた和歌である。これは今日も毎日の朝拝にあるいは月次祭《つきなみさい》等に常に奉唱されている。

明治天皇御製

いかならむ時にあふとも人はみなまことの道をふめとをしへよ

さしのぼる朝日のごとくさはやかにもたまほしきはこころなりけり

◇日本国の独立とともに

昭和二十七年四月二十八日、前年に調印されたサンフランシスコ講和条約が発効し、わが国は遂に独立を回復した。占領解除前に整備・立法された「宗教法人法」に則り、既に一宗教法人であった明治神宮も再度承認申請をなし、十月二十二日新たに宗教法人「明治神宮」として設立を宣言するに至った。また、既に昭和二十二年に「憲法記念館」の名称を改め結婚式場として開館した「明治記念館」は、五ヶ年に亘る業務委託契約を発展的に解消し、同じく二十七年六月一日に明治神宮直営の式場として再発足する。

明治神宮奉賛会がその造営に尽力し、大正十五年に明治神宮へ奉献された外苑は、占領軍の接収解除後の帰属先をめぐり、明治神宮、体育団体、文部省の間で長らく折衝が続けられていた。それも、昭和二十七年二月には三者の合意を見るに至り、三月二十二日、神宮の機関として明治神宮外苑運営委員会を設置して、その運営にあたることになった。三月三十一日、外苑施設全部が占領軍より返還され、ここにおいて名実共に明治神宮の外苑として再出発する。

◇

昭和二十七年十一月三日は、実に記念すべき明治神宮例祭の日となった。御祭神明治天皇がお生まれになられたこの日は、明治の御代《みよ》には天長節、次いで昭和二年からは明治節、そして敗戦後には文化の日として、国民が寿《ことほ》ぎ奉る佳日とされてきた。さらに、独立後最初のこの日は、御生誕から満百年を迎える大きな節目でもあった。

十一月三日の『毎日新聞』は社説で、この日が独立後最初の文化の日であり、かつ明治天皇御生誕百年の記念の日であるという、その二重の意味で格別であることを強調し、「今の日本人自身は、明治の先輩たちと比べてどうだろうか」と読者に問いかける。「我々は、明治の先輩がしたような謙虚な態度と、また一面では血みどろの努力で、明日の文化を築かねばならぬと考える。今年の文化の日

日本が主権回復後最初の「文化の日」は、明治天皇御生誕百年祭とあいまって全国各地で盛大な催事が行われた

は、静かにこれからの日本文化について想う日としたい」。

この日は第十一回文化勲章授与式をはじめ、全国各地で祖国再建の志を確認するべく記念行事が多数開催された。前日二日に神宮外苑で開催された明治天皇御生誕百年記念国民大会では、文学者であり歌人でもある折口信夫氏によって作詞された頌歌《しょうか》「明治天皇」が発表されている。これは、明治天皇聖徳鑽仰《さんぎょう》会が依頼したもので、「海ゆかば」で知られる東京芸術大学教授信時潔氏が作曲したものという。

「明治天皇」　折口信夫作詞　信時 潔作曲

（一）

「青山　四方に周りて
よき国そこにこもれり
我ゆきて　治めむ」
すめろぎの　誓ひ現《まさ》しく
その後よ。いと久し。千代重ねつつ
また宣り　出でし　言立《ことだて》のよさ。
「あづまこそ　住みよけれ。
人和み精勵《いとなみ》する
いで布《し》かむ。新しきまつりごと」

（二）

明治の御代を　讃へむ。
世稚《わか》く　人饒《にぎは》ひ

よろづ神　みな出で
貴《うづ》の御世　助け給へり
みづみづし　こゝに咲く　世界の文化
漲り匂ふ　常世《とこよ》の華麗《くわれい》
仰ぎ見る　御面足り
身《みみ》に満つ　大御声
あな尊。東京の草も　木も

（三）

現目《まさめ》に　我は仰げり。
明治の御代の　御繁栄《みさかえ》
言へば　胸をどれど
省みて　悔いの深さよ。
甦る日本《にっぽん》の　空青き日に
あ朝づたふ　大倭《やまと》の鈴鐸《さなき》
をのこも　をみな子も
出で聴け　東京の
大神の　朗らなる大御声

明治神宮においては、崇敬会の奉賛により明治天皇御生誕百年祭の祭典が斎行され、また盛大に奉祝の諸行事が奉納された。「甦る日本の空青き日」、

昭和29年の元旦。仮の社殿でも正月の賑わいは変わらない

全国から参集した崇敬者から湧き上がる神宮再建への力強い声に後押しされ、復興計画案が明治神宮側から発表された。この第一声が、翌年の「明治神宮復興奉賛会」の設立へと繋がることになる。祖国独立後最初の秋、明治神宮もまたその再建事業の本格的な第一歩を踏み出したのである。

1-3 復興奉賛運動の原動力

◇明治神宮復興奉賛会の設立

井上靖氏の『昨日と明日の間』という小説がある。昭和二十八年五月から翌年一月まで『週刊朝日』に連載されたという同小説には、主人公白戸魁太郎《かいたろう》が、思いを寄せる彩田萄子《とうこ》と二人で明治神宮の杜を歩く象徴的なシーンがある。明治神宮が好きだという魁太郎は、「十万本の献木が、僅か三十年の間にこれだけの森を作った」ということに感嘆しながら萄子に語りかける。

…ただの森ではない。人間が造った森です。東京中で戦火に焼けなかったのはこれだけではないですか。二千何発の焼夷弾が降った。お蔭で本殿はやられたが、併し、この森はびくともしなかった。東京でほかに何が残りました？　何も残りはしない。いまの東京で、本当に立派なのはこれだけだと僕は思うんです。

大正九年、全国からの十万本の献木と延べ十一万人の勤労奉仕によって完成したこの代々木の杜に、今度は我々が力を合わせて社殿を再興し、昭和の御造営を実現しようではないか。明治天皇御生

崇敬会奉納による仮社務所の上棟祭。仮社務所は、第三鳥居内の宿衛舎に連なる形で建設された

誕百年を祝った昭和二十七年十一月三日に、全国から参集した崇敬者から社殿復興の声があがったのは、そのような思いがあったからだった。

◇

復興運動の最初の原動力となったのは、明治神宮崇敬会である。昭和二十一年に設立された同会は、神宮の日々の経営維持に奉賛するばかりでなく、戦災残存建造物の修繕などに多額の資金を奉献してきた。二十四年十二月には会運営の方針を切り替え、規約を改めて財界関係の協力を求めることにし、会長に高橋龍太郎氏（日本商工会議所会頭）、副会長に中野金次郎氏（興亜海上火災運送保険社長）、徳田昂平氏（証券取引委員会委員長）が就任、財界・実業界の有力者が役員に加わった。その結果、法人会員の入会が急速に進み、会の財政も二十一年度の発会時には、わずか年間の歳入十二万余円に過ぎなかったものが、昭和二十五年度には一千百五十九万円と飛躍的な増大を見せる。これをもって二十五年には、第三鳥居内の宿衛舎に連なる形で仮社務所を建設する資金を奉

昭和28年7月27日、丸の内の日本工業倶樂部で開催された明治神宮復興奉賛会設立総会。
背後に初期の社殿計画の図面が見える

納。いよいよ次は御社殿再建の意志を独立後最初の祭典の日に宣言しようと、かねてから準備を進めてきたのだ。

祭典からさかのぼること五ヶ月前の六月五日には、高橋崇敬会会長と鷹司宮司の呼びかけで有力崇敬者が集まり、第一回御復興準備委員会が開かれている。この後も数度協議が重ねられ、明治神宮復興具体化に関する検討が重ねられた。そして迎えた十一月三日、祭典終了後の直会の席上で明治神宮復興奉賛会設立の動議が提案され、満場一致の賛同を見るに至ったのである。

◆六億円の募金運動とそのリーダー達

明治神宮復興奉賛会設立総会は、翌二十八年七月二十七日丸の内の日本工業倶樂部において、財界はじめ各界の代表者三百五十名が出席するなか開催された。この日に至るまでに準備委員会は、農林漁業、経済団体、日本商工会議所、東京都神社庁など各界各方面の代表者と相次いで懇談会を開催し、明治神宮復興についての協力を申し合わせてきた。その結果の大盛会であった。

設立総会では、総裁に鷹司宮司、会長に日本工業倶樂部理事長宮島清次郎氏、副会長に石黒忠篤（元農林大臣）、杉道助（大阪商工会議所会頭）、中野金次郎（興亜海上火災運送保険社長）、藤山愛一郎（日本・東京商工会議所会頭）、安井誠一郎（東京都知事）の諸氏が満場一致をもって選任された。以下、常務理事、理事、評議員などの役員が選任され、また明治神宮社務所内に事務局を設けて活動を開始することが決議された。以下は、奉賛会解散までに就任された各役員の方々である。

総裁　鷹司信輔（後に甘露寺受長）
会長　宮島清次郎
副会長　足立　正　石黒忠篤　杉　道助　中野金次郎　藤山愛一郎　安井誠一郎
　　湯澤三千男　吉田　茂
理事長　吉田　茂（後に湯澤三千男）
常務理事　秋岡保治　植村甲午郎　岡松成太郎　香取茂世　楠見義男　鹿内信隆　副島廣之
　　高城　元　伊達　巽　中村元督　荷見　安　福島信義　山際正道　山根銀一
　　湯河元威
理事　青木均一　以下　二百二十四名
監事　岡橋　林　加藤武男　万代順四郎
顧問　河合彌八　高橋龍太郎　德富猪一郎　中島久萬吉　藤田尚德　坊城俊良

なお、昭和三十一年四月からは高松宮宣仁《のぶひと》親王殿下に名誉総裁への御就任を賜った。

ここにおいて、崇敬会と復興奉賛会、明治神宮護持のための二つの柱があい揃った。崇敬会は、復興資金の募集は奉賛会に委ねることにし、復興事業完成までの間、毎年の祭典・奉祝行事を継続的に奉賛することになる。

復興奉賛会会長に就任した日本工業倶樂部理事長宮島清次郎氏は、日清紡績の社長であり、「奥の院的な存在」といわれる財界の大御所であった。が、当時奉賛会事務局長の任にあった副島廣之氏によれば、日清紡と道を隔てた向かい側の簡素なビルで執務にあたっていた宮島氏の日常は非常に質素であったという。「机の上には講談本が二、三冊積まれており、昼食はたいてい素うどん一杯で、その意味でもメザシの土光敏夫さんの大先輩であった」（『私の歩んだ昭和史』）。

終戦後、日本工業倶樂部には各方面から財界資金の要請が殺到したが、宮島氏はこれを概ね断っていた。にもかかわらず、明治神宮復興にあたっては設立前の準備委員会から委員長を務め、奉賛会設立後は昭和三十五年に同会が解散するまで、会長として献身的な努力を傾けることになる。「（前略）復興計画から募金、建築の実施事項にいたるまで会議が頻々と行われたが、翁は毎回必ず定刻に出席して、会議を主宰した。会議の回を重ねること六十回、その中、止むを得ざる理由で欠席したのがたゞの一回、関係者一同を感激せしめた」（『宮島清次郎翁傳』）。

「神宮の森をあのまゝにしておくことは、国民として忍びがたい。（中略）日本は明治大帝によって近代国家に進み得た。この大帝の偉業を偲ぶ社殿の復興を実現するのは、明治生まれの人間の義務ではあるまいか。その明治生まれが、未だ口のきける今のうちに完成すべき仕事である」（前掲書）。これが、宮島会長の考えだった。大正期の明治神宮奉賛運動が渋澤栄一氏らを得たように、昭和の奉賛運動もまた宮島清次郎氏ら時代のリーダー達を、その中核に得たのである。

◇

復興奉賛会では、資金造成計画として六億円を募金目標額にすると算定した。これは、本殿及び拝殿などの社殿主要建造物ばかりでなく、社務所・参集殿などの付属施設の建設費も含むものであり、また殿内調度装飾、祭典費をはじめ土木・林苑工事費、工事事務費などの資金にも充てるという計画である。幹部役員会でしばしば慎重に検討を加えた末、六億円のうち財界方面の法人募金が一億五千万円、東京都内の地域各世帯を対象として一億五千万円、全国道府県市町村の世帯に対して

全国から寄せられた奉賛者の芳名簿

は三億円の募財を行うことが決定された。

間もなく開始された復興奉賛運動は、昭和三十三年に社殿竣功、三十五年に付属施設の竣功を迎え、この年の九月二十七日に解散式を挙げるまで、実に足掛け八年二ヶ月にわたって続けられた。その間全国から寄せられた奉賛金の総額は五億八千四百十五万九千二百四十二円となり、これに預金利子を加えると五億九千九百三十一万三千八百二十四円、さらに物品奉納などを加算すると初期の目標六億円をはるかに上回る成果をあげることになる。

◆建築資材の物品奉納

財界方面の法人募金は東京都内及び地方の一般地域募金にさきがけて行われた。日本工業倶樂部を中心として、経済団体連合会、日本商工会議所、日本経営者団体連合会、経済同友会など主たる経済団体が財界各方面の協力を仰ぎ、全国有力会社を網羅して多額の奉賛金が寄せられた。なかでも宮島会長が理事長を務める日本工業倶樂部は事務局をあげて、まさに東奔西走尽力した。中村元督専務理事（のちに三十年十二月山根銀一氏が専務に昇格して交替）をはじめ、事務局幹部らは、経済団体や法人会社を分担して毎日のように募金に出動し、夕刻には情報を持ち寄って打ち合わせ会を行ったという。

一方、建築資材の手配についても、宮島会長の采配のもとセメント・鉄筋・銅板それぞれについて大手各社から現物による甚大な協力があった。鉄筋コンクリートの基礎工事には、試算するとセメント五百五十トン、鉄材百十七トンが必要となる。これをセメントについては秩父セメント株式会社が、鉄材は八幡製鉄・富士製鉄・日本鋼管の三社が引き受け物品による奉賛となったのである。このうち諸井貫一社長率いる秩父セメントによる総計一万一千袋に及ぶセメントの奉納については、次節の造営工事の頁で改めて触れることにし、ここでは銅板手配に関してのエピソードを紹介したい。

本殿から付属施設に至るまで、社殿の屋根はすべて銅板瓦を用いることになったが、わが国でもこの特殊な黒皮銅板を造ることができる企業は、当時そう多くはなかった。宮島会長はこの製造を古河電気工業、住友金属工業、神鋼金属工業の三社に依頼。当時銅板の建値は高騰を続けていたが、三社が協力し破格の安値で納入した。宮島会長の指示をうけ、奉賛会事務局として三社とやりとりをした福島信義氏（後の第九代宮司）は、その随想のなかで当時の状況を披露している。

銅板については上棟祭が終わらなければ要らないわけですが、その当時銅が段々国際的に値上がりの傾向にあり、古河電工の顧問の中川末吉氏から「明治神宮さんも早く銅の手当をしないと、値上がりぎみだから早く買っておいた方がいいんじゃないか」とたびたび助言を頂きましたので、宮島会長にその旨を申し上げたところ、宮島会長はしばらく考えて、「神主さんが思惑しない方が良い。要る時に買おうじゃないか」とのことで、結局買いませんでした。中川氏の忠告通り銅は、見る見る値を上げて行きましたが、いよいよの時になって宮島会長に相談したら、「古河へいって、値上がりした分だけ引いて貰いなさい」というので、宮島会長の代理として日本工業倶樂部の山根常任理事と私が、古河重工の重役に面会し、宮島会長の言を伝えてお願いしたところ、「古河電工としては、当社だけではなしに、住友・神戸さんと三社で分担することになっているので、三社で良く相談してなるべく宮島会長さんの意向に添うようにしましょう」ということでありました。やがて返事があり、その時の建値から三割を引いて納めますので、それで一つご了承頂きたいということになって、銅板も調達が出来ました。

◇「政教分離」の混乱のなかで

復興奉賛会では、東京都内は各区市郡に直轄支部を設け、また地方道府県には地方本部を設置して、それぞれ目標額を算定するとともに下部組織の育成をはかって募金に着手した。折から浅草では浅草寺の戦災復興工事が始まるなど都内では各所で寺社復興のことがあり、また公会堂・区民会館等公共施設建設計画の募金も輻輳《ふくそう》していた。さらに地方にあっても風水害、選挙、町村合併などが相次いでいた。終戦からまだ十年が経つか経たないかという時期であり、奉賛運動の前途は容易ならざるものがあった。

このことは新聞雑誌等もとりあげては話題にしたこともあり、読者欄にも市民の声がたびたび紹介された。昭和二十七年十一月の明治天皇御生誕百年祭において復興計画が言挙げされて間もなく、二十日の『読売新聞』読者の欄「気流」にも、ＫＭと匿名を名乗る千代田区住人から反対の声が寄せられている。

△貴紙上で明治神宮本建築の計画を見たが、まだ時期尚早の感がある。なぜというに、現在の社会政策はまだまだ貧困であり、大部分の国民は生活に余裕なく、精一杯の暮しをやっと支えている情勢であって、（中略）他にもっと緊急に設備されねばならない事がたくさんありすぎる。

△庶民住宅、乳児院、救護院、未亡人救護施設等が急速に要望されているときです。これらの施設を完備して、もっと国民生活の安定が行われてから、あとに行わるべきことであろう。

（中略）どうしても計画を実施するというなら神宮境内に募金箱を備えて、有志の人々から募金してもらいたい。

これに対しては、別の読者からの反論が五日後の二十五日付で同欄に掲載になっている。

△明治神宮の本建築は時期尚早であるというKM氏は、戦後国家の手を離れ、民間の一宗教法人となった現在の機構をご存じないのであろう。また同氏は一度も参拝もしておられぬようだ。いわれるまでもなく四、五年前から、御社殿脇に神宮復興の趣旨と、募金箱も備えてある。△また別に氏子団体ともいうべき崇敬会があり、全国の崇敬者によって、着々御復興が準備されていることとおもう。誠に結構な次第である。浅草寺が再建され、芝の増上寺が信者によって再建されている現在、全国の崇敬者並に有志によって明治神宮の御復興が計画されることは何等拘束をうけることはない。むしろ国家のため悦ぶべき事であると信ずる。あえて御復興の速かならんことを祈るものである。

国費で神社が運営されていた戦前との混同、また戦後憲法で導入された「政教分離」の新しい価値観への混乱が、多くの国民のなかにあったことが推察されるやりとりである。

他の紙面からも復興奉賛会が運動の進め方に苦慮したことが伺われる。「区が〝先棒〟をかつぐ明治神宮の割当寄付に非難の声起る」(『足立新報』三十年七月一日)。「募金関係者は『決して強制はしていない』と云っている」が、「区民の間では〝宗教・信仰の自由を侵害するもの〟という声が強く、今後の成り行きが注目されている」とある。墨田区では、支部結成の呼びかけ文書が区長名で作成されたことが「〝憲法違反〟の声も」と問題になっている。事の成り行きを伝える新聞紙面には、「この文書の区長名印刷のことは知っていた。いろいろな方面からよくないという注意を受けたので結成式への招待状には区長としてでなく支部長名となおした」という区長談話が紹介されている(『産経時事』三十一年九月二十七日城東版)。

千葉県支部は、御祭神合祀のために設立された靖國神社奉賛会と合同で本部を結成、昭和32年6月10日に発足した

◇海を越えた奉賛の志

このような中で東京では全ての区市郡支部の組織が、地方でも全道府県の支部の結成が果たされたということは、文字通り東奔西走した復興奉賛会関係者の尽力は言うまでもないが、何より御祭神の御遺徳の賜物であるというべきであろう。とりわけ地元である渋谷区は、全国に先駆けて昭和二十八年十二月に支部を発足。それからわずか一年足らずのうちに、当初の目標の倍額の募金を得たのだという。さらに支部の事務経費余剰分を、社殿錺《かざり》金具を復元するための資金として奉献。神宮復興には鎮座地渋谷の支えがあった。

また神宮創建の昔の由縁によって海外各地の在留同胞から多額の寄付金が寄せられたことも、奉賛運動の大きな力となった。在外四十五カ国六十三公館の協力が得られたのは、時の重光葵外務大臣の好意によるものである。ニューヨーク、ホノルル、バンコク、ニューデリー、ハンブルク、ウルグアイ、アルゼンチン等世界各地からの奉賛を得て、最終的に海外在留日本人からの献金総額は、一千三百二十三万四千七百三十九円に及んだ。

◇

地元の日本人が発起人となりニューヨーク、北カリフォルニア、カナダ、ブラジルと相次いで復興奉賛会の海外支部が設立されたことも、特筆すべきであろう。北カリフォルニアの地に「明治神宮復興奉賛会北加本部」が設立された陰には、日加をまたいで繋いだ日本人農業者の絆があった。

昭和二十九年九月、石黒忠篤奉賛会副会長はニューヨークにおける国際小農連盟大会に出席。参議院議員の石黒氏は、戦前農林大臣を務め「農政の神様」と呼ばれた農業政策の第一人者であり、現在の農業協同組合の基礎を築いた人物である。農業者に慕われ、終戦後の食糧難の時代に、農業で国民を救おうと草の根で声を上げた農家を陰日向で支援した。昭和二十二年、新穀感謝祭にお供えする野菜に事欠いた明治神宮と農家を結び、現在の「明治神宮農林水産物奉献会」（次章参照）設立に貢献したのも同氏である。その石黒氏が渡米の折りに、各地で明治神宮復興奉賛を説いて歩いたところ、すぐに呼応したのが「カリフォルニアのライスキング」と知られる国府田敬三郎氏だった。

明治十五年に福島県で生まれた国府田氏は、ロックフェラーやカーネギーの伝記に夢中になり渡米を夢見る青年だった。明治四十一年ついに渡米。大規模稲作に挑戦し、昭和三年にはカリフォルニアのドスパロスで農園を経営するまでに至る。しかし、日系一世として戦時中は強制収容所に入れられ、戦後も農地を取り上げられるなどの幾多の困難にも直面した。それを乗り越え、品種改良を重ねて限りなく日本米に近づけた「国宝ローズ」を開発。カリフォルニア米を世界のブランドに育て上げた、日系移民のリーダー的存在であった。その国府田氏は、神宮復興運動のためにとカリフォルニアから日本へも足を運び、「来れば州内各地の有力者がそれぞれ近辺の在米日本人、日系人を集めて小集会を行い、自宅に宿泊させ、翌日は次の有力者まで車で送る。こうして次々と有力者宅を回れば募金に成果があがるから」と奉賛会事務局にも渡米を勧めるほど熱心であったという。

北カリフォルニア本部の設立趣意書には以下のような一文がある。

神宮造営の当時も海外同胞より熱心なる援助を受け社務所に保管されている記録名簿に依れば

三十九万六千余円に達する浄財が寄せられているとのことであります。私共海外同胞は常に敬神の念に厚い故国を愛しその文化を誇っているもので、この度の御社殿再建に対しても一臂の力添えを致すべきであると云う民族的義務を感ずるものであります。

「MEIJI JINGU FUKKOH HOSAN KAI HEADQUARTERS FOR NORTHERN CALIFORNIA」とマークが入った寄付者芳名簿は、現在も明治神宮社務所に大切に保管されている。

◇松下幸之助が再興した隔雲亭

うつせみの　代々木の里は　しづかにて　都のほかの　ここちこそすれ

明治天皇がこのようにお詠みになられた御苑は、江戸時代には加藤家次いで井伊家の下屋敷の庭園だった。それが明治時代に宮内省の所轄となり代々木御苑と称されて、明治天皇、昭憲皇太后がたびたび御来遊された由緒ある名苑である。苑内にある隔雲亭《かくうんてい》は、お体の弱い皇后様の御休憩所として、明治天皇の御指図により明治二十六年に建造されたお茶屋であった。この際、侍従があらかじめ紙で家や樹木を作り模型にして御覧にいれると、陛下はその位置をお取替えになり、さまざまに御工夫なさったのだという。眺望を考えて周囲の立ち木の配置にも陛下が細やかにお心遣いなさって出来上がったのが、木造柿葺《こけらぶき》平家建、趣のある京風のお茶屋だった。

その隔雲亭は、昭和二十年五月二十六日の空襲により烏有に帰した。御社殿復興の一環として、これを十余年ぶりに再建復旧しようということになった時、その一手奉納を名乗り出たのが、松下電器産業株式会社社長松下幸之助氏であった。

復旧なった隔雲亭の前で。前列中央に並ぶのが松下幸之助氏と鷹司信輔宮司。
前列左から４人目は湯澤三千男復興奉賛会理事長

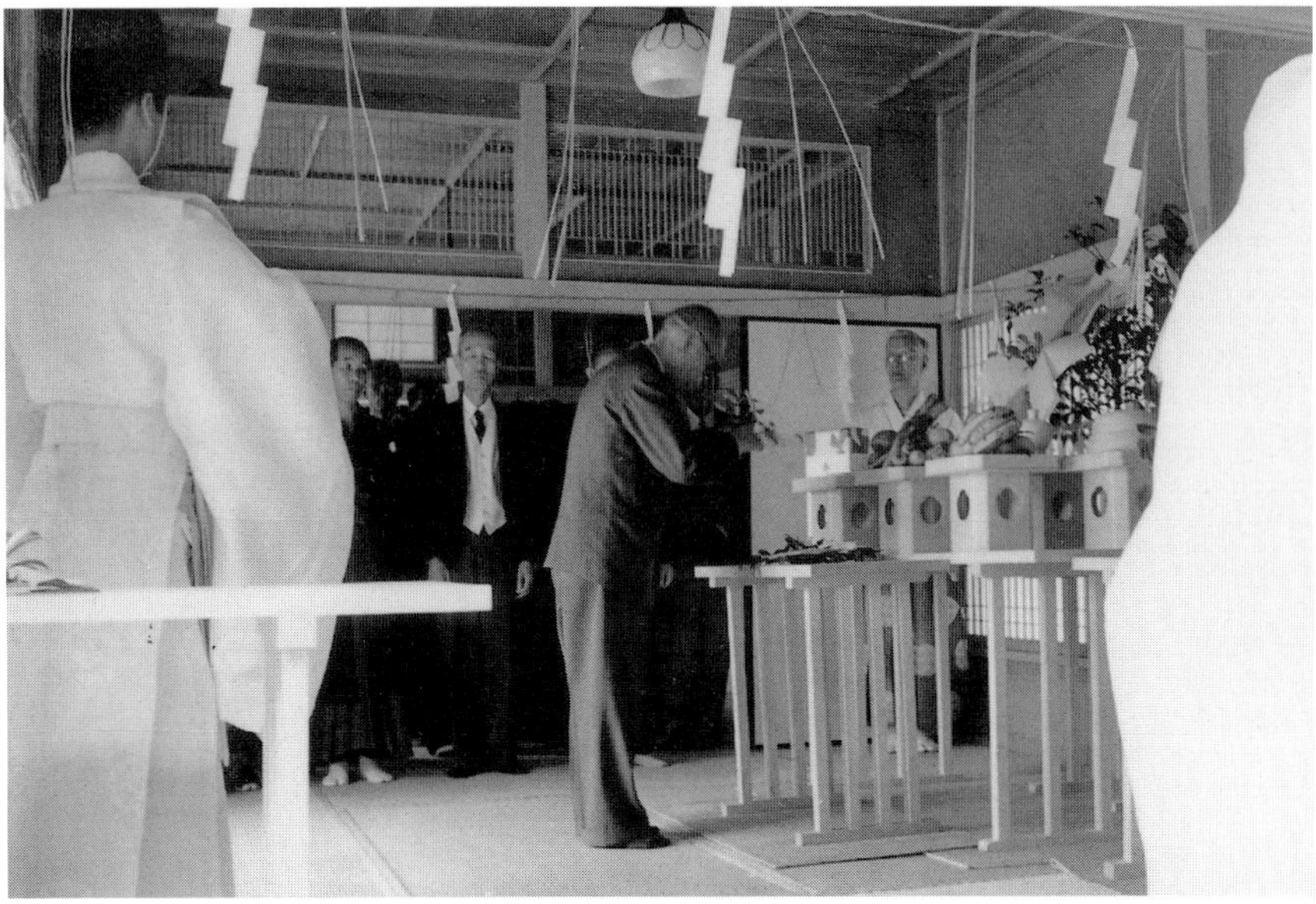
昭和33年6月23日、隔雲亭復興竣功式。玉串を捧げる松下幸之助氏

松下幸之助氏と明治神宮の縁は昭和十五年までさかのぼる。この年の春、旧青山御所の模様替えが行われ、御所表謁見所として使われていた建物の一部が明治神宮に下賜されることになった。この際、原型のままこれを境内に移築するための費用を奉納したのが同氏であった。当時の金額で七万六千円の献金である。十五年四月二十九日に地鎮祭を行い、十月二十五日に竣功。この年はちょうど明治神宮鎮座二十年の記念の年にあたり、御苑の隔雲亭のほかにも御祭神に由緒の深い建造物を内苑にいただいたことに、時の有馬良橘《りょうきつ》宮司をはじめ一同おおいに感激したという。銅板葺の大きな破風《はふ》の車寄せがあり、百五十坪の平家建であった。明治神宮ではこれを貴賓館とし、時には参集所や講堂としても活用して重宝していたが、これも昭和二十年五月二十五日に戦災で失われた。

残念ながら貴賓館の復旧はならなかったが、隔雲亭の再建をするのならと、この度の松下氏からの五百万円の献金は、隔雲亭復旧工事への指定寄進として行われた。

甦った隔雲亭は、総建坪六十一坪十八、母屋八帖二間は昔のものをそのまま復元し、付属屋は立礼《りゅうれい》の間九坪半、茶室八帖、宿直室六帖、台所三坪百二十五、便所四坪九十八からなり、別に玄関を設けた。母屋、付属屋それぞれ水屋を具備して、茶席として使用しやすいよう考慮設計されている。再建に際し主に充てられた用材は、社殿を造営した残材であるから、木曽山中から伐りだされた檜造である。各室天井等の杉化粧材には、御苑内「清正《きよまさ》の井《いど》」の傍に

昭和31年、時の総理大臣鳩山一郎氏以下、閣僚全員の署名が入った屋根銅板

あった杉の巨木が朽ちて倒れてあったものが使われた。さらに、ナグリ縁その他一部には神宮手持ちの桜、松材を、床柱および化粧丸太は境内林苑内より榊《さかき》、エゴ、椋《むく》などを選別使用。明治神宮の森から命を受け継いで、隔雲亭は甦ったのである。

　昭和三十二年十一月二十一日に地鎮祭、三十三年四月二十一日に上棟祭を行い、工事は順調に進捗。同年六月二十三日午前十時には、松下幸之助氏参列のもと関係者約二十名が出席し、晴れて竣功式を挙行するに至る。当日、十一時からは懸釜《かけがま》の儀が行われた。奉仕者は裏千家家元代理鈴木宗保《そうほ》氏。参列員一同が拝服した。

◆銅板一枚金具一個のまごころ

　御社殿造営工事の進行にともない奉賛会では昭和三十一年十一月から、御屋根銅瓦と本殿の御扉《みとびら》や御階《みはし》に使用する錺金具の献納運動を社頭で開始した。銅板は一枚二百円、金具は四葉《しよう》、六葉《ろくよう》、唄《ばい》、垂木《たるき》口と種類があったが五百円からの奉納であり、銅板の場合はその場で裏面に署名を、金具は製作がなった後に明治神宮側が氏名を書き入れることになっていた。社殿完成までに、銅瓦は六万五千二百八十五枚、金額にして一千三百五万七千円、また錺金具のほかに軒燈《のきとう》などの奉納金とあわせて計四百三十二万八千三百円分の奉賛があったという。これには奉賛会役員らが率先して奉納、署名したのはもちろん、秋の例祭や新年初詣の折りに明治神宮に足

昭和32年8月、ある日の「御屋根銅瓦奉納受付」。写真提供は、幼い頃から原宿をよく知る松田一敏氏

を運んだ多くの参拝者がまごころを投じた。社頭で日々献納運動に奉仕した奉賛会関係者の記録には、銅板一枚、金具一個ごとに込められた物語が綴られている。

昭和三十一年十一月二日、家族に付き添われて参拝を終えた八十歳ほどの男性が献納受付に立ち寄った。銅板数枚を奉納くださるという。聞けば京都大学名誉教授の新村出《しんむらいずる》氏であった。明治九年に山口県に生まれ東京帝国大学に進んだ同氏は、『広辞苑』の編纂に尽力した言語学者として知られる。折りしも、その長年の功績により十一月三日の文化の日に文化勲章を受章することになり、前日に明治神宮を訪れたのだった。明治三十二年に帝大卒業の際、明治天皇より恩賜《おんし》賞を賜った当時を追憶しつつ受付係員に語り、署名しながら涙をこぼしたという。

「明らかに治まる御代の大みわざその大神をとはにをろがむ」。銅板に自作の歌を残していく人もあった。昭和三十一年十一月七日、長崎県から上京した七十余歳と見受けられるこの男性は、多年上海方面で人民宣撫工作にあたり、帰国後は故郷で中風に苦しんできた。この度は母校拓殖大学の記念祭にあたり上京したが、「今生にて両度の上京は不能と思考し」まず明治神宮に参拝したのだという。強度の震えがある不自由な手で右記の歌を自書、「臣　山口某上」と締めくくったとある。

奉納者は日本人ばかりではない。東京駐在米陸軍司令官ポール・M・モリル大佐は新任挨拶のため来宮し拝礼、その後唄金具代一千円を奉納している。三十三年七月八日のことである。「グレートエンペラーメイジ」の博愛の御心には感激をしている、金具は大帝の御社のためにと、通訳を通じて挨拶があった。

昭和三十三年五月九日、通訳一名を同行した外国人が参拝し錺金具受付に立ち寄った。以下は奉賛会の記録である。

通訳の言によれば、同氏は芸術家であり年来日本の芸術に籠っている精神について興味をいだいていたが、今度来日して日本人の生活の中の坐る事と心との関連性に思い当たったので帰国の際は和服、袴を求めてパリに於いても時々坐って現在の行きづまった芸術の再興を計りたいとの意向で、神社仏閣にも多く参拝したが、自然の森の中に人工の美を極めた建築の為されるのは明治神宮のみであろう。縁あって参拝した記念に金具を献納したいと垂木口金具一ヶを献納された。尚、通訳が支払いを為さんとしたが之を押し戻して自ら金子を差し出した。

フランスのファッションデザイナー、ピエール・カルダン氏、この時三十六歳だった。オートクチュールのデザイナーとしては初めて日本に注目し、初来日を果たした際の一幕である。同氏はその後、日本でも種々のブランド事業の展開を果たし、勲二等瑞宝章を受勲する。

◇造営奉仕を願い出る人々

最後に、造営奉仕をもって明治神宮復興奉賛に尽くした人々についても記しておくべきだろう。大正時代の明治神宮造営が、延べ十一万人の青年達の奉仕によって果たされたように、昭和の御造営にあたっても全国からたくさんの勤労の願い出があった。文学者森清人氏が結成した「健児《こんでい》奉仕隊」に参加した全国の若者達。総勢で約三千人が百余回にわたって造営工事に従事したことはその一例である。また、大正九年の青年奉仕団の息子達が、今度は復興造営に団を組んで上京してくることもあった。その名も大九《たいきゅう》報光会、「大正九年」を記念して作られた造営記念会で現在会長を務める、星野太朗氏の地元・群馬県太田市での話である。どちらについても、次章「復興を支えた心意気」で詳しく取り上げる。ここでは、己の信ずるところに従って個人で造営奉仕を願い出て、それを果たした人があったことを紹介したい。

明治神宮に宛てて昭和二十九年七月八日付で一通の速達が届いた。門司市桜町に住む一男性からである。同氏は、門司税関に長年勤務していたがこの度退職のため、大蔵省に挨拶に上京するという。その機会にかねての念願であった明治神宮境内の清掃奉仕を思い立ち、書き送ったものだった。同月十九日来宮して、午前九時半より午後零時半まで玉垣内西側の清掃に従事し、さらに金一千円を献納したと記録にある。

復興工事に身を捧げたいと九州から自転車で十四日間をかけて上京した青年がいる。大分県宇佐郡安心院町在住の二十四歳になるこの青年は、一年間小遣いを節約して自転車を購入。三十三年二月一日に町人一同の激励を受けて単身出発した。肌をさす真冬の寒さの中を一路明治神宮を目指し、ペダルを踏み続ける。夜は各地の神社に寝たり野に臥したりしたこともあったという。また無事の復興を各宮々に祈願しながらの道中だった。遂に二月十四日午後五時明治神宮に到着、直ちに奉仕を申し出た。その心意気に打たれた神職らは、造営職員の宿舎の一室を寝泊りのために提供。青年は翌十五日から三月十七日までの約一ヶ月間、労力奉仕を果たした。以下は、二月十四日神宮への到着直後に提出された「明治神宮御造営奉仕願」である。

私は農村の一青年で御座居ます

この度明治神宮御造営中と受賜り尚周囲村人の激励により且つその意志を意志とし一木一草なりと御手伝いなすが国民否青年としての当然の義務と痛感なし豊前の国安心院町を自転車にて奮発寒中に九州中国四国近畿東海道沿道の神々を拝し二月十四日祈願の当地へ到着致しました。恐れながら御奉仕することにより今後尚一層の身心の浄化を計り質実剛健な精神をやしない永き人生の原動力と致し度存じます。どうか当局の御宏大な御配慮を賜りなんなりとお仕事をお授け下さればこれにこす喜びはご座居ません。

右伏してお願い申し上げます

昭和三十三年二月十四日

1-4 新生明治神宮の造営計画

◆明治神宮造営委員会の「復興基本計画」

昭和二十八年七月の復興奉賛会結成以来、資金の造成も着々と進展を見るに至る。ここにおいていよいよ御造営の具体的措置を講ずることとなり、三十年三月一日、宮島清次郎氏を委員長にして関係各位二十八名による明治神宮造営委員会が発足した。これは御造営に関して宮司の諮問に答える機関であり、その主な諮問事項の一つが「御造営の基本計画に関する事項」であった。やがて四月六日に開催された第二回造営委員会の場で、「明治神宮復興基本計画」の決定を見るに至る。計画書より社殿に関する部分のみを抜粋したのが以下である。

一、社殿の部（「復興計画総括」より）

御社殿の規模形式及構造等については、つとめて御創建当時の方針に従ふ事とし、之に従来の奉仕上の経験及時勢の推移による要請等を勘案して、規模の一部を改めると共に、既存建物との連繫調和を整へ、以て奉仕及参拝に対する設備の完璧を期する事を本旨とする。従って社殿の主体は檜《ひのき》素木造とし、屋根は銅板葺とする。

一、社殿（「復興工事」より）

旧本殿の位置に同大の本殿を設け、嘗ての中門《ちゅうもん》の形式を改めて本殿前面に祝詞殿《のりとでん》及内拝殿を一連の建物として新設し、旧拝殿の位置に外拝殿を設ける。而して内拝殿より内は祝詞奏上の座を始め、神職本座、神饌弁備、楽人控室等祭儀執行に専用の規模を整へ、外拝殿は専ら参列者の席に充て、若《も》し参列者多数の場合は拝殿の東西に連《つらな》る渡廊にも席を設け得る様にし斯くして祭典の全貌が参列員全員に拝し得る様にする。

外拝殿は旧拝殿と同大のものを中心とするが、其の前面一間は拝殿の構とせず、向拝の形式とし、一般参拝者が拝殿軒下でなく、建物の内に在って拝することが出来る様に改める。

本殿西北に元の如く神庫を設け、本殿と神庫とは透塀《すきべい》によって旧の如く囲む。

内院廻廊は、焼失を免れた部分の内一部を外院廻廊の修補に転用し、その他の焼失部分は廻廊に復原せず、外透塀を設けて境界とする。

神饌所は日常及祭典時の便を考慮し、内拝殿に近く外透塀の外に設け、内拝殿へは渡廊によって連絡する。

外拝殿の東西には旧の如く複廊を設け、東方は外透塀の外にある祭器庫に接する。

外院廻廊の焼失部分は前掲の如く、残存の内院廻廊の一部の材を併せ用ひて、在来の建物に同一形式を以て繋ぐ、焼失を免れた東西南北神門、廻廊及周囲の玉垣等は、適当に修理し屋根は銅板葺に改める。

◆建築家　角南隆の集大成

大正時代の明治神宮社殿が伊東忠太氏という建築家によってなされたとするなら、昭和の社殿復興を計画しそれを実現した建築家とは、角南隆《すなみたかし》氏である（角南隆氏については4章参照）。同氏は、大

高松宮宣仁《のぶひと》親王殿下（明治神宮復興奉賛会名誉総裁）を
造営工事中の社殿で御案内する角南隆氏（中央）

正四年に東大建築学科を卒業後、内務省（昭和十五年からは神祇院に改称）の技師として、国の神社営繕行政の中心を担ってきた建築家である。戦後は、神祇院が廃絶することを受けて、同院が抱えていた神社建築の技師とその技術を受け継いで日本建築工芸設計事務所を昭和二十二年に設立。角南氏はその初代所長として、戦後復興期には全国各地の神社再建に尽力した。昭和二十八年の第五十九回神宮式年遷宮においても造営局長を務めている。

同氏と明治神宮の関係は、大正の創建まで遡る。大学卒業後、技師として最初に勤務したのが明治神宮造営局であった。伊東忠太氏の指揮下で神社建築の最初の一歩を踏み出したことになる。神道指令により昭和二十一年に神祇院が廃止になるまでは同院の造営課長が角南氏であったから、前年の空襲で社殿を焼失した直後の明治神宮にも四月二十一日には訪れて、すぐに仮祭場建設の手配をなしている。

この当時の明治神宮と角南氏について、興味深いエピソードが本人によって残されている。終戦直後の明治神宮は、社殿ばかりでなく神職の装束類も焼失し、「八月敗戦降伏したその年の十一月の大祭に、宮司着用の衣冠もない」状態だったという。それを知った角南氏は、自身が設計した関東神宮の鎮座祭に参列した際に着用した装束を、付き合いが長い京都の森本錺《かざり》金具製作所に預けてあることを思い出した。

私の装束は唯記念品として持っているだけだが、御鎮座祭の夜一回着用したものでお差支なければ、差し上げて宜しい。しかし現物は京都で格納されているから、どなたか社務所の方が森本君まで、直接取りに行かなければ……、と申し上げた。その通り運ばれたので、鷹司宮司の衣冠として、非常時の明治神宮の大祭にお役に立てることができた。

その角南氏が、自らの神社建築人生の集大成として心血を注いで取り組んだのが明治神宮の復興造営だった。昭和三十年、六十八歳。伊東忠太氏は前年既にこの世を去った。その伊東氏は、戦後の明治神宮復興計画を「角南氏あたりに立案させたら」と、昭和二十三年の時点で伊達権宮司に伝えている。造営委員会で決定された基本計画とは、角南氏の神社建築への思い、そして明治神宮への思いが随所に凝らされたものとなった。

◇中門から内拝殿へ

まず何よりも大きな戦前との違いは、「拝殿の考え方を根本的に改め」たことという。角南氏にとって従来の社殿は、地方長官などの限られた人々が祭りを行うことを目標としていて、一般大衆と祭りは中門によって隔絶されたものであった。それでは、「終戦後、神社と国家との関係は全く切り離され、氏子崇敬者による神社であり、祭典である事に改められた今日」としては全く不適当であるとする。これが先に示した復興計画にいう「時勢の推移による要請」であろう。

具体的に同氏が施した変更とは、本殿と拝殿を隔てていた中門を改めこれを内拝殿とすることにより、拝殿を内拝殿と外拝殿（従来の拝殿）とに二重化したことに全てが集約されている。拝殿の機能の分化であり拡充である。外拝殿と内拝殿は渡廊で連結。拝殿の参列者があふれそうであれば、渡廊

創建時の本殿と中門（東京丸ノ内株式会社青雲堂印行記念葉書）

も着席場とする。これにより、「一千人余の参列者を列席せしめることが出来たし、且、其全員が内拝殿、祝詞殿、本殿の全範囲を見渡しうることになった」（復興計画の「参拝に対する設備の完備」）。同時に、本殿と内拝殿は祝詞殿を設けることで一体化され、また渡廊により神饌所や奏楽殿所と行き来が初めて可能になり、神職の奉仕の便も改善する（復興計画の「奉仕に対する設備の完備」）。

国宝保存の建物を修理する場合には、各時代の空気を正確に後世に伝えるのが唯一の目的なのだから、其時代を一歩も外へ出ないで修理する必要があるけれども、神社を今日新築しようとする場合、古来やって来た手法や技術は伝承して使用するとしても現代は決して平安時代でも、鎌倉時代でもない。今日の現代なのである。飛行機、ミサイル、トンカツ、テレビに終始している現代人と共に生活し、共に現代に生きている神社ならば、足は現代に立て、物を考えるべきであることを信ずる。祖先が、其当時の感覚で実施して来たことは良い参考にはなるが、今日に生きているものを造るには、今日の感覚で進めなければならないと主張する。

復興後の本殿と内拝殿。中門があった位置に新しく内拝殿を建造した（大仲正則氏撮影、遠藤貴也氏撮影協力）

時代に則した変更を加えるべきという主張は、なにも角南氏だけのものではない。遡《さかのぼ》れば昭和二十三年一月の時点から既に「本殿以下の復興境内施設についての基本的の案を作る必要」が明治神宮崇敬会役員会で議論されているが、この時期に役員会に提案された宮地直一氏の計画案においても、「新時代ノ要請ニ応ズル新構想」をもって根本とすべきことが強く主張されている。「現在ノ中門式ヲ廃シ本殿・拝殿ノ間ニ廊・幣殿ヲ繋ギ、一部ヲ神饌弁備所・楽所・神職候所等ニ充ツルコト」。

◆木かコンクリートか

「中門を内拝殿へ」の決定は、それが創建時の社殿を大きく変更するものであったという意味で重要であるが、もう一つ創建時の社殿から変更しないという決定だったという点で重要なことがある。それは社殿は「檜素木造」にするという造営委員会の計画である。

先述の通り、復興の基本計画については三十年三月に造営委員会が発足するかなり以前から検討が始まっていた。古くは崇敬会総代会・崇敬会役員会、復興奉賛会設立の気運が高まってからは復興準備委員会、復興奉賛会そして造営委員会へと議論は継承されてきたといえる。

創建時の拝殿（『明治神宮御写真帖』より）

復興後の外拝殿。旧拝殿の基壇を一尺ほど削り床面の高さを低くした。
また前列一間を向拝として軒下を広げ、一般参拝者が雨に濡れずに参拝できるよう配慮を施した

創建時の本殿。伊東忠太氏の設計による。総檜素木、流造《ながれづくり》で屋根は檜皮《ひわだ》葺であった（『明治神宮畫集』より）

「社殿は木造」であるということが暗黙の了解として進められてきたこの過程に、最初に異を唱えたのが昭和二十七年十月二十日、第二回明治神宮復興準備委員会における佐野利器《としかた》氏であった。「木造かコンクリかという事は簡単に決めてしまってはいけぬ。よくよく研究して貰いたい」。佐野氏も角南氏と同様、東大建築科卒の内務省技師であり、戦前の明治神宮造営局の技師である。この日以来、三十年四月の第二回造営委員会で合意に達するまで、「木造かコンクリートか」をめぐって激しい議論の応酬が続くことになる。

宮島会長や神宮関係者は木造派。コンクリートを支持したのは佐野氏のほかに、やはり建築家で明治神宮造営局技師であった小林政一氏。そして東京帝国大学総長も務めた建築学者、内田祥三氏がいた。

「御鎮座の際は戦災とか敗戦とかを考えに入れていなかったが、今度はそうではない。それを知っていて又焼けるものでは恥ずかしい」（小林）、「戦災によって明治神宮が御炎上した際まことに遺憾に堪えないことと存じていたのであるが、その時以来御復興は是非共不燃焼のもの即ち鉄筋『コンクリート』建というのが持論」（内田）。彼らの主張には、大震災と大空襲の悲劇を経験している我々が、御社殿を二度と焼くようなことがあってはならないという悲痛な思いがあった。やはり委員会のメンバーである高橋龍太郎崇敬会会長も、社

復興時の本殿。角南隆氏の設計による。総檜素木、流造であるが、屋根は銅板葺となった。懸魚《げぎょ》の意匠などにも創建時との違いが見られる

団法人都市不燃化同盟会長として鷹司宮司宛に「鉄筋コンクリート造建築の進言書」を提出しており、議論は二分されていたといってよい。

◆明治神宮という伝統

事態への打開策は二つの方面からやってきた。

（宮島氏から）「木造論、コンクリート論いずれも一利があると思う。明治神宮としては、畏きあたりの御内意も伺い最終決定するのが宜しいと思うから、宮司さん一つ頼みますよ」というお話があり、畏きあたりの御内意を伺いまして、御社殿については木造直営工事という決定をみた次第であります（福島信義『時處位』）。

これが一つ。もう一つは、伊東忠太氏の弟子である建築家岸田日出刀《ひでと》氏の登場である。自身建築学者として活躍しながら、昭和二十年には『建築学者伊東忠太』という評伝も完成させている同氏は、建築学者伊東忠太の「神社木造論」継承者であると自称してはばからない人物であった。岸田氏が参

戦したのは、佐野氏や角南氏同様に戦前明治神宮造営局技師を務めた木造派委員の一人、折下《おりしも》吉延氏が、事態の膠着を懸念する伊達権宮司とともに助力を依頼したからだという。この岸田援軍は功を奏し、コンクリート派の小林氏が後に「岸田さんがむこうに回ったので、形勢が逆転した」と回想している。岸田氏曰く、神社建築は木造であってこそ初めて尊さが出るのであって、コンクリートで造ってもそれは単なる「御神体の格納庫」に過ぎない。「大都市の神社建築が火災が恐ろしいからと言ってコンクリート建にするが如きは、本末転倒もはなはだしいものであって、神社の本質を忘れた暴論と称しても差し支えない」。

思えば大正時代の明治神宮造営にあたっても、「新時代の要請」とは何かをめぐっては大きな議論があった。木造か不燃性材料かという問題もそうである。明治神宮の造営とは、単に一つの神社を造るということに留まらず、神社とは何か、伝統とは何か、社殿とはどうあるべきかを問い直す事業でもあったのだ。

大正時代に明治神宮創建に尽力した阪谷芳郎《さかたによしろう》東京市長は、明治神宮とはどうあるべきかを審議するまさにその会議の場で、次のようにメンバーに語りかけている。「明治神宮ヲ建設シタルトキニハ其当時ノ学者カ如何ナル大議論ヲナシタルカト云フコトハ、歴史ノ記録ニモ遺ルコトト思ヒマ

昭和30年3月11日、第1回造営委員会。前列左から5人目が宮島清次郎委員長、次が鷹司信輔《たかつかさのぶすけ》宮司。
2列目左から順に伊達巽権宮司、岸田日出刀氏、小林政一氏、角南隆氏、内田祥三氏

ス」。

二度と焼けない社殿を願って五十年前に闘わされた大議論から、我々が学ぶところは大きい。そして今月今日の明治神宮の歩みも、後世の国民に向かって大きく開かれていることを忘れてはならないだろう。

1-5 復興造営工事の進展

◇木曾檜を綱で曳いて

エイ、オー、エイ、オー、エイ、オー――。　昭和三十年六月二十六日、奥深い木曾山中に杣人《そまびと》の声が響き渡った。明治神宮造営工事の開始を告げる第一の神事、御用材伐採始めの木本祭《このもとさい》である。御社殿の御柱に供する木の本で斧を祭壇に供え、この日より始まる伐採の無事を祈るのだ。ここは岐阜県武儀《むぎ》郡七宗《ひちそう》村（現・加茂郡七宗町）、岐阜営林署管内岩井谷事業所の国有林地である。

造営委員会においては、木造による社殿造営が決定したのをうけて直ちに御用材の調達に着手。林野庁に特別払い下げを申請した。林野庁はこれを受けて、長野・名古屋を含む各営林署を通じて手配。伐採の最初の現場となったのが、この七宗国有林であった。

鷹司宮司、湯澤三千男奉賛会理事長、武藤知事ら関係者六十名の参列のもと、午前十一時に祭儀は始められた。修祓《しゅばつ》・祝詞奏上・玉串奉奠《ほうてん》に続いて、斧入れ式に移る。

昭和30年6月26日、木本祭斧入れ式。幣を振るのは、農林事務官の土開清治氏

直垂《ひたたれ》姿の振幣役が幣をもって左に振るにあわせて「エイ」と発声すれば、杣三員が「オー」と応えて忌斧をもって御木に打ち込む。繰り返すこと三度。この木本祭を皮切りに、明治神宮復興造営の諸祭はすべて古式にのっとり、大正時代の造営そのままに執り行われることになる。

七宗国有林は、昭和十六年にも伊勢の神宮の御用材を伐りだしたことがある旧御料林で、樹齢百五十年から三百年の檜《ひのき》・樅《もみ》・栂《つが》などが生い繁る。このうちの三割は未だに斧を入れたことがないという鬱蒼とした天然林地帯から、九月までにまず約三千石の用材が伐採されることになっていた。明治神宮造営に要した木材は、化粧木材の木曾檜が約七千五百石、その他杉・栂などの野物《のもの》材三千五百石を加えて、合計で一万一千余石にのぼる。御用材中最大のものは、本殿御扉に使用する檜の一枚板で、直径三尺六寸、長さ二十六尺、一本で重さ一千三百貫という大木だった。これを木曾の山中から伐り出すために、わざわざ特別

昭和30年9月11日午前10時、お木曳の列が新宿貨物駅前を出発。代々木北参道口手前の修養団ビル付近で休止、曳き手を交代した。沿道には拝観者があふれ大混雑となった

御用材を貯木場となった宝物殿前の池まで運ぶ。検知木卸しの式の後、御用材が水煙をあげた

の林道を設けるほどであったという。これらは長野・名古屋など各担当営林署において、工事の進捗にあわせて順次伐り出しが進められた。

◇

昭和三十年九月十一日、御用材中の御本殿扉材、柱材、棟木材等主要材木約三千石のお木曳《きひき》の式が、前日来の雨も晴れ上がった秋空の下、挙行された。このお木曳は伊勢の神宮御遷宮の場合を除いては全国にも余り例を見ず、東京においては空前の行事であった。木曾山中から新宿駅まで貨車で輸送された木材を、貯木場となった宝物殿前の池まで運び込むのだ。

沿道の観衆に見守られながら、まず神職らが騎馬で進む。第一号車の緑色の采が振られると、続く二号車から五号車までが順次、御用材を一本ずつ曳いて前進。江戸消防記念会の木遣音頭《きやり》も晴れ晴れと大路を練り歩いた。途中、第一号車の木曳班（明治神宮靖國神社献饌講・健児奉仕隊・五川用賀奉仕隊）は、栃錦・鏡里・吉葉山ら力士総勢六十名と交代し、又ボーイスカウトの少年達が曳き綱を取り行進。二千余名の崇敬者の奉仕によって、無事貯木場へ搬入された。続いて検知役が尺杖を以て計り正に適材であるということを確かめる検知木卸《きおろ》しの式が行われ、五本の御用材は拝観者の歓声のなか、水煙をあげて池へと落とされた。ここで、大工の手により製材、加工されるのを待つのである。

◆明治神宮臨時造営部の発足

これより先、昭和三十年四月一日には、満を持して臨時造営部（以下、造営部）が発足している。造営委員会が決定した復興基本計画に基づいて、明治神宮直営工事を受け持つ技術者集団である。角南隆造営部長のもと、福島信義禰宜が庶務と経理を担当する総務課長に、造営課長には、終戦まで第五十九回神宮式年遷宮の主任技官を務めていた小川猪作氏が就任した。以下造営部の技師はそのほとんどが、角南氏と幾多の神社建築工事をともにしてきた面々である。明治神宮造営をこれまでの集大

◉明治神宮臨時造営部スタッフ一覧

- 部長 角南 隆
  - 総務課長 福島信義
    - 課員（神宮職員） 谷口一郎、外山勝志
      - 事務員
  - 造営課長 小川猪作、松本 昇
    - 課員（技師）
      - 事務員
    - 桜井長治郎
      - 一班 本殿・祝詞殿・内拝殿
        - 総棟梁 中島幸治郎
          - 副棟梁 永田重雄
    - 桐山留治
      - 二班 外拝殿・複廊・東西渡廊
        - 棟梁 奥井留蔵
          - 副棟梁 千村 清
    - 川村昭二
      - 三班 神庫・神饌所・祭器庫・直会殿・内外透塀
        - 棟梁 有井定吉、石倉幸蔵
          - 副棟梁 大島 栄
    - 藤田光二
      - 四班 製材・木造り
        - 棟梁 板垣利三
          - 副棟梁 井上秋夫
    - 小沢健蔵
      - 現場係
    - 島田俊博、山内 渉
      - 外注工事係

- 五班 鳶・建方
  - 頭 小島繁一
    - 副棟梁 佐久間次雄

成としたいという同氏の期待と信頼を得て、全国から馳せ参じたものである。

四名の技師がそれぞれ班長となり、造営各部門を分担して工事にあたる。各班ごとに棟梁を担いだ。一班、本殿・祝詞殿・内拝殿担当、中島幸治郎棟梁。二班、外拝殿・複廊・東西渡廊担当、奥井留蔵棟梁。三班、神庫・神饌所・祭器庫・直会殿・内外透塀担当、有井定吉・石倉幸蔵棟梁。四班、製材・木造《こづく》り担当、板垣利三棟梁。また、鳶・建方は小島繁一氏を頭とする集団が担当、これを五班と称した（詳細は図を参照）。

◇

この技術者集団を現場で束ねたのが、四人の棟梁のなかの総棟梁中島幸治郎氏であった。長年社寺建築に従事し伝統文化継承に貢献した功により、昭和四十六年には勲六等瑞宝章を受勲する日本を代表する宮大工の一人である。中島氏は明治三十四年、岐阜県郡上郡北濃村（現・白鳥町）で生まれた。生後八ヶ月で母を亡くし祖母に支えられて育ったが、貧しさゆえの苦労も多い幼少時だったという。

ここに、中島氏が七十歳受勲の折にまとめた「私の追想記」と題する自筆の原稿がある。御親族の承諾を得て、以下に一部紹介したい。

私が尋常小学校四年生の時、義務教育が六年生迄延びた事、二ヶ年も延びた事で父が困ったとこぼした事も聞いた。なれど貧乏もこれくらいになるとサバサバした感じである。よくよくのどん底生活であった訳です。大正三年小学校卒業。同時に四月から村内の農大工、宮なども作る宅に小僧として奉公になって愈々大工見習の初歩である。（中略）私は徴兵制度までの七年間は、手足供ヒビアカギレを切らして親方の使い走りを。労働基準など夢に見られない時代で、いくら若いとはいえ日本アルプスから吹き降ろす風は又格別だった。（中略）
大正十年四月徴兵検査甲種合格。工兵、当時三ヶ年。私もこれで誠心教育が出来ると喜んだが、当時軍縮の時代で残念乍ら私は補充兵に編入さる。この為宮大工に専心する様定めた。

大正十年、中島氏は、名古屋の著名な宮大工第十一代伊藤平左衛門氏に師事。以後、名古屋東別院、東京下谷神社、台湾神宮など数多くの社寺新築改修工事に携わることになる。明治神宮の前に手がけていた現場は、熱田神宮儀式殿その他の新築工事であった。

その力量と人柄を買って中島氏を総棟梁として迎え入れることは、造営部発足前の昭和二十九年には角南氏らの了解事項になっていたようである。当時短大の学生だった中島氏の四女、中村久子氏は、大学の講師に「貴女のお父さんのことでしょう？」と、総棟梁拝命を伝える新聞記事を見せられたことを覚えている。まもなく父親はテレビにも取材された。「その頃うちにテレビなんてありませんでしたから、近所のお宅にお邪魔して見せていただいたんです」。「明治神宮復興工事始まる」は、当時それほど大きなニュースでもあったのだ。

◇

新社殿を再建するとなれば、旧拝殿敷地に建つ仮社殿を移築する必要がある。大前石畳十字路前まで仮殿を動かすにあたり、昭和三十一年一月二十一日、まず御霊代《みたましろ》を仮殿から宝庫へと一時お遷しする御宝庫遷御の儀が斎行された。二十日間余りをかけて移築工事及び諸神事を執り行い、再び宝庫からお戻りいただく仮殿遷座祭を迎える。昭和三十一年二月十五日のことである。

◈宝物殿前工作場に集まる大工達

御用材の搬入に伴い、宝物殿のまわりは一大工作場に姿を変える。製材小屋、工作小屋、乾燥小屋などが延べ面積約七百坪の敷地に次々と設置されたのだ。これらの仮設工事は、株式会社間組による請負で行われた。水蓄されている木材は、これから池より引き上げられて、それぞれの小屋で待つ専門技術をもった職人達の手で加工されることになるのだ（造営工事の流れについては次図を参照）。

しかし造営部総務課がまずなすべきは、棟梁及び副棟梁の下で働くその職人達を集めること。この

新社殿造営工事の開始に先立ち、移築中の仮社殿。
移築工事中に訪れる参拝者のために「臨時拝所」を案内する立て札が見える

宝物殿前に続々と建設された工作作業のための小屋。
御用材はまず最初に、手前に見える製材小屋へと引き上げられる

◉明治神宮復興造営工事の流れ

	昭和30年	昭和31年
造営の諸祭式	3・1 造営委員会発足 4・1 臨時造営部発足 6・26 木本祭 9・11 お木曳 10・27 工作場仮設建物地鎮祭 11・25 御造営用資材運搬用車道起工式	2・15 仮殿遷座祭 3・14 製材始式 4・18 地鎮祭
社殿敷地における諸工事		1・16 仮殿移築開始 2・15 仮殿移築完了 4・18 基礎工事着手
主に宝物殿前工作場における諸工事	4・1 木材手配開始 5・1 実施設計着手 6・26 木材伐採開始 9・11 木材搬入開始 10・27 工作場諸施設工事着手 11・25 資材運搬用車道工事着手	3・14 製材・木造り着手

		昭和32年	昭和33年
	5・8 奉納セメント初荷搬入式 5・30 釿始祭	5・7 立柱祭 8・24 上棟祭	10・29 洗清 10・30 清祓・新殿祭 10・31 御飾 本殿遷座祭遷御の儀
	5・8 セメント搬入開始 8・10 石材搬入・石工事開始 9・30 上屋足代架設工事着手	2・22 建方工事〔立柱〕着手 5・7 建方工事〔小屋組等〕着手 8・24 内部造作取付工事着手	9月 屋根銅板葺工事完了 10・25 電気設備・避雷針・錺金具・防火設備・殿内舗装諸工事完了
	5・30 木材加工着手		

外山勝志氏。昭和7年、北海道に生まれる。
昭和31年から50年間、明治神宮に奉職した。平成6年3月、第10代宮司に就任。平成19年7月に勇退し、現在は名誉宮司（遠藤貴也氏撮影）

役目を担ったのは、明治神宮に神職として奉職を始めたばかりの外山勝志氏（第十代宮司、現在名誉宮司）、当時二十三歳であった。「初めて御奉仕したのが昭和三十一年二月十五日。仮殿遷座祭の日でしたからよく覚えています」。國學院大學を卒業する二ヶ月前から仕事を任され、明治神宮に通う日々となった。その外山氏が四月一日に正式に職員となり配属になったのが、宝物殿内に事務所を構えた造営部だったという。

「何をやるのかと思ったら、まず大工さんの募集です。新聞に広告を出したり、面接をしたり。直営工事だから、全部明治神宮で雇うわけです」。熟練の職人から親方になることを夢見る駆け出しの大工までたくさんの応募があった。また、その補助をする労務員も求人した。主に高校を卒業したての青年達である。採用は複数回にわたって行われ、昭和三十三年十二月に造営部が廃止になるまでに直営工事に従事した大工及び工員は、延べ五万三千八百三十名。ほとんどが地方出身者であったから、神宮の傍に寮が準備された。多い時期で百五十名ほどが寝起きをともにしたという。彼らの労務管理も全て造営部総務課の外山氏の仕事だった。

「大工さん方は、毎日仕事をして私の顔を見ると『腹減った、腹減った』というんです。その頃米は配給ですからね。そしたら福島信義総務課長が、『農林省に掛け合って労務加配米をもらってこい』と」。終戦からまだ日が浅いこの時代、復興のため公の仕事をする労働者には特に加配米という制度があったのだ。とはいえ明治神宮復興造営

臨時造営部の部員と全国からやってきた大工達。昭和31年4月25日撮影。前列左から川村昭二氏、外山勝志氏、藤田光二氏、桜井長治郎氏、福島信義氏、小川猪作氏、松本昇氏、島田俊博氏、桐山留治氏。中島幸治郎総棟梁は、前から2列目の右から4人目（中村詔雄氏提供）

は、今や一宗教法人の仕事である。農林省には「とにかく部長さんにお目にかかりたいんです」と頭を下げ、明治神宮造営の意義を訴えたのだという。日を変えてはまた出向き懇請するうち、ある日米屋にぽっと労務加配米が届いた。「焼失した明治神宮を再興することに、それだけ当時の国民の支持があったということでしょうね」。

◇

現在千葉県松戸市で「中村詔雄《のりお》社寺建築設計事務所」を営む中村詔雄氏も、その加配米に喜びの声をあげた一人である。第一回目の募集に応じ、昭和三十一年五月一日に採用された全国からの大工三十名のうち、最年少二十二歳の青年が中村氏だった。昭和九年、愛知県宝飯郡《ほいぐん》小坂井町生まれ。小さい頃から宮大工に憧れ、中学卒業後は建築の訓練校へ。明治神宮の求人と出会ったのは、豊橋市の工務店で修業を続ける日々の中でのことだった。「新聞のほんの三行記事です。見た瞬間に『よし、これだ』と。偶然目に入ったんでしょうが、あれも御縁があった」。三十一年春、採用試験で出てきた東京には雪が降っていた。

さっそく一班、中島総棟梁の下に配属になった。八畳ほどの寮の一室に四人で寝起きし、無我夢中になっていた中村氏のもとに、ある日一通の封書が届く。「愛知県の代表として頑張って下さい」。それは故郷愛知の桑原幹根知

1班の大工達に囲まれる中村詔雄氏（前列中央）。
写真は、同班が担当した造営中の本殿（中村詔雄氏提供）

時には、現場の仲間でチームを組んで外苑の野球場に出陣し、相手チームに「こてんぱんにやられた」（中村詔雄氏提供）

事から寄せられた激励の手紙だった。故郷の代表として――。同じ言葉は角南部長からも贈られたのだという。「先生は私達に、『日本の伝統技術を絶やさないためにも、全国各県から選んで職人を集めたんだ』と話してくれたことがありました。気持ちが高揚しましたよ、向学心が出てきた」。

寮生活では仲間に刺激を受け、自由になる夜の時間を利用して中央工学院に通いだした。もともとあまり勉強が好きなほうではなかったが、歳の近い連中の頑張る姿を見るうちに、これは負けられないぞと競争心も芽生えたのだという。造営部に暮らす二年余りの間で二級建築士の試験に合格。あきらめずに続けることが出来たのも、その良きライバルであり良き仲間のおかげだった。「造営部で野球部を作ってね、神宮球場やなんかでやりましたよ。日本生命のチームに試合申し込まれてね。こっちはこれまで球も持ったことがないような集まりなもので、もうこてんぱんにやられて（笑）」。

造営部解散後は、造営課長だった松本昇氏の事務所へ。宮大工を夢見たかつての少年は、昭和四十一年に独立を果たし自らの事務所を構える。三十二歳。中村氏にとって宝物殿前の工作場は若き日の学舎でもあった。

明治神宮復興計画図
本殿 祝詞殿 内拝殿　の内　No.
側面図
縮尺 1/20
昭和　年　月　日製図

実施設計の段階で作成された本殿、祝詞殿、内拝殿の復興設計図（縮尺20分の1）。
本殿の屋根の美しい反りに非常に心を砕いた角南氏は、技師らが描いた下図では物足りず、自らこの曲線を引きなおしたという

川村昭二氏。昭和９年三重県生まれ。復興造営が終わり臨時造営部が解散後も、営繕課技師として明治神宮に奉職した。平成８年、角南隆氏が初代所長を務めた日本建築工芸設計事務所に入社し、現在は所長を務める（遠藤貴也氏撮影）

◇二十分の一の図面を生み出す技

昭和三十一年春、全国から大工が集まり出す頃。造営部造営課の技師達がかかりきりになっていたのは実施設計といわれるもの。角南氏らの造営委員会は、決定した復興計画に基づいて基本設計を実施し造営部に引き継いだ。しかし基本設計図は百分の一。実施設計とはそこから二十分の一の設計図を書き起こす作業である。この図面ができたところで、木材の長さと木口縦横断面の大きさまで一本一本の寸法を算出した木材内訳書を作成する。現場の職人はこれを「木寄せ」と呼ぶが、この内訳書に基づいて製材工は墨付けし製材を行うことになる。また二十分の一の段階で、屋根の反りに至るまで正確な寸法を出さなければならない。非常に神経を使う作業である。

明治神宮造営工事でこの実施設計に初めて取り組んだというのは、造営課最年少二十一歳の技師、川村昭二氏である。同氏は三重県伊勢市生まれ。地元の高等学校で建築を学んだ後、第五十九回神宮式年遷宮の造営工事に携わった。ここで出会ったのが同工事の造営部長を務めていた角南隆氏である。昭和三十年春から明治神宮の工事が始まると聞いて、「是非自分も」と角南部長に願い出たのだという。

伊勢での経験はあったが大きく異なったのは、伊勢の神宮には実施設計という工程がなかったこと。

直会殿。縮尺20分の1の実施設計図を制作するのはこれが初めてだったという、
川村昭二氏にとって思い出深い図面である

「伊勢は二十年に一回の御遷宮で社殿を造り替えますから、その度に同じ図面を昔から使っているんです」。ところが明治神宮の場合、大正創建時の設計図は『明治神宮明細帳』に残されているが、これは二十分の一ではない。しかも今回の工事は、基本設計から角南氏らによって新しく手が加えられているのだ。

その川村氏が最初に手がけたのが直会殿《なおらいでん》の図面だ。

「これが最初であり一番やっかいな仕事でした」。

実は、西神門から続く直会殿の一部は空襲で焼け残ったままになっていた。この古い部分の建物を残しつつ、そこに新しい建物を組み合わせた設計をしなくてはならない。これを「取り合い」というが、この取り合いが難しい。百分の一の図面では細部の納め方まで出ていないので、古い建物を実測して製図するなど苦労があったという。描いては先輩技師に直され、また描いて。「明治神宮で一から育ててもらいました」。その川村青年、造営部解散後も明治神宮営繕課の技師として、平成八年まで務めあげることに。現在は、角南氏が設立した日本建築工芸設計事務所を継ぐ所長である。

◇

軒の勾配《こうばい》や屋根の反りの曲線美を実物の二十分の一に忠実に図面にする。この精緻な仕事を可能にするために

江戸の職人技が作り上げた指の先ほどの豆鉋。写真は「明治神宮と豆カンナ」と題して当時の『アサヒグラフ』に紹介されたもの。実はこれ、川村昭二氏の指なのだそうだ（『アサヒグラフ』昭和31年3月4日号より）

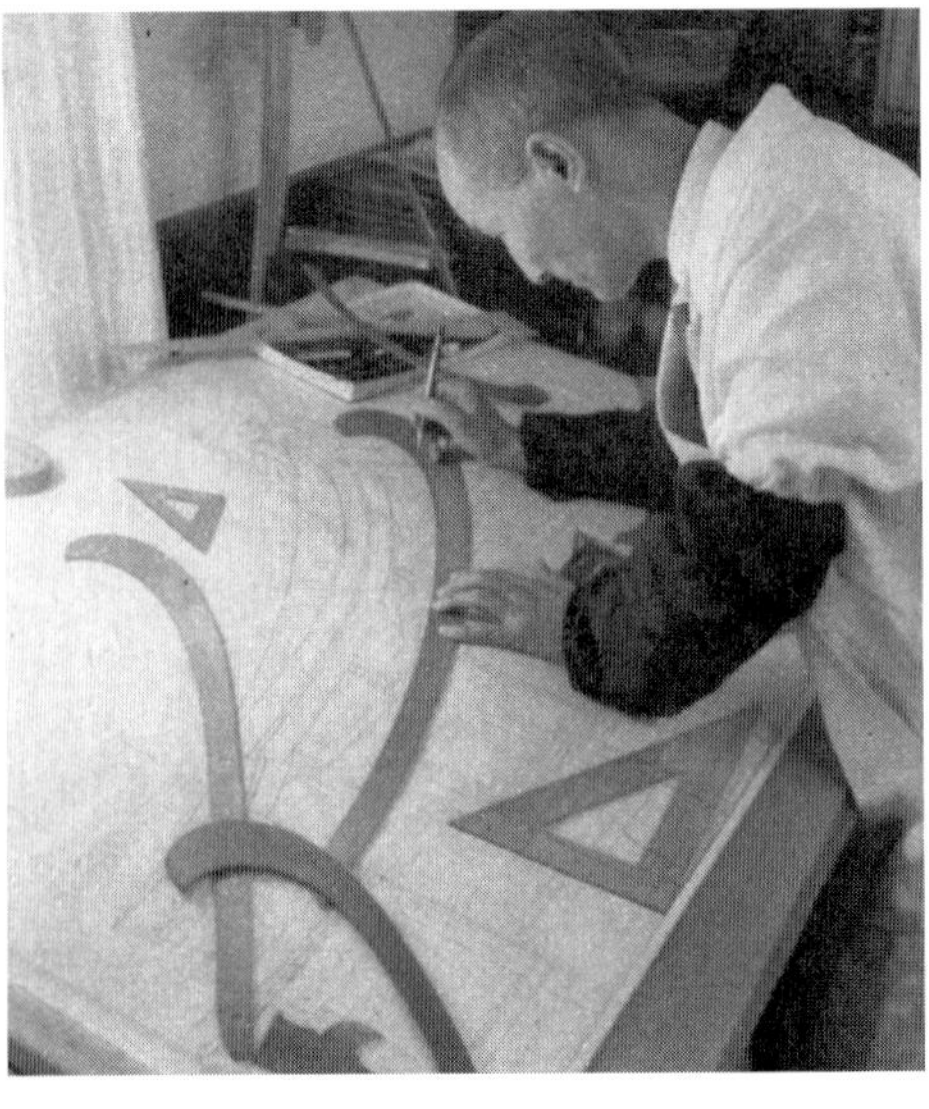

本殿屋根の部分を定規を用いて製図中の桜井長治郎氏。社殿ごとに屋根の勾配が異なるため別々の定規が必要になる。この定規を作成するために豆鉋を用いた（『アサヒグラフ』昭和31年3月4日号より）

特注されたのは、指の先ほどの豆鉋《かんな》。美しい曲線は筆を継がずに一本で引かなくてはならない。そこで一本の曲線を引くために専用の定規を作るのだという。この定規に望みのアールを与える道具、それが東京刃物の職人技が作り出した豆鉋「国秀《くにひで》」だった。

手がけたのは、下町は浅草橋にある株式会社森平《もりへい》。造営部の特注を引き受けた小黒森平氏は、現在の社長小黒章光氏の父親にあたる。「うちの豆鉋はオモチャじゃありませんから、大きい鉋と同じように手間をかけてるんです」と章光氏はいう。刃の幅の寸法を変えて幾つも製作された「国秀」銘の豆鉋は、森平が抱える鍛冶屋、砥ぎ屋、台屋が三者集まって作り上げた。台は関東樫のいいものを何年も乾燥させ、いいところだけを使う。十分に枯れていないと、「木が暴れる」。粘りのある切れ味を実現するには、よく鍛えられた鋼とそれを支える柔軟性のある地金でできた刃が必要だ。「最近は、利器材といって鋼と地金を最初からくっつけた鋼材を使うところが多いですが、これを鍛えたら混じってしまう。こんな小さな刃でも、鋼は鋼、地金は地金で打ち上げる。それが本当の手作りです」。さらに、研ぎに技がなければ、鉋で定規を削る際に毛羽立ってしまいつるっと仕上がらない。

一流の建築家の思いを実現する陰には、一流の職人技の支えがあった。

◇総棟梁中島幸治郎の現寸引付け

二十分の一の図面が出来上がれば、ここからは大工の仕事だ。三十二年に入ってから旧社殿敷地で建方作業が開始されるまで、製材・木造りそして木材加工といった大工仕事はすべて宝物殿前の工作場で行われることになる。

貯木場に水蓄された原木は、出番がやってくると二十馬力のウインチで製材小屋へ引き揚げられる。池のなかで丸太に飛び乗って整理作業をするのは、深川の木場から呼び寄せた川並たち。製材小屋ではまず技師が作成した木材内訳書（木寄せ）の長さ寸法に従い、五馬力の横切機で木口切りをし、皮

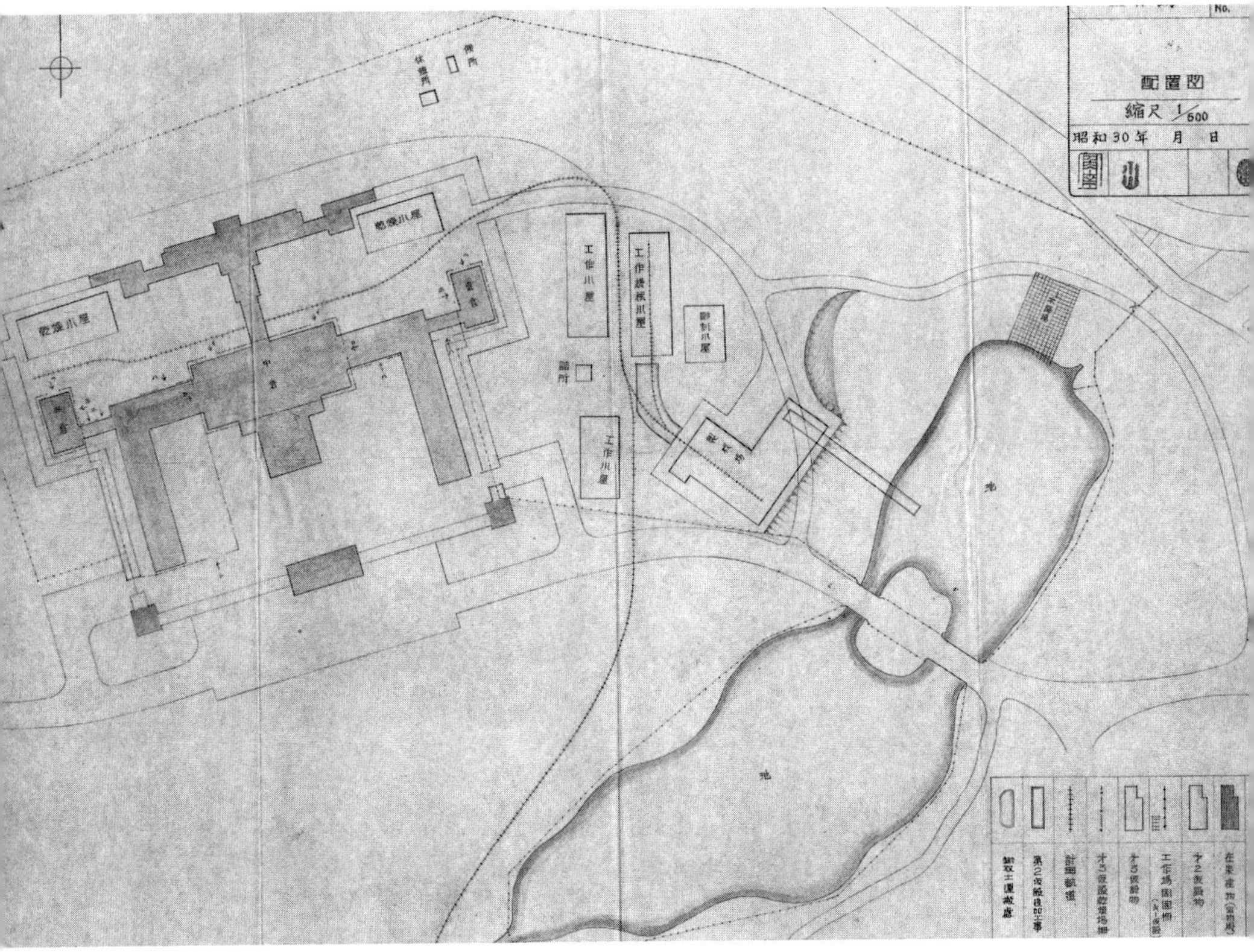

宝物殿前工作場における各作業小屋の配置図。この図面が描かれた後もさらに小屋の増設工事を行っている

を剥ぐ。さらに内訳書通りに木口に製材墨付けを施した後、送材車に乗せて移動。五十馬力四十八インチの帯鋸で挽く。

製材が終われば、次は木造り。材木はトロッコに乗せられて機械工作小屋へと搬入される。ここでの作業には、自動式三面削鉋、手押鉋、丸鉋などが導入された。また、柱に使用する芯が入った芯持ち材は、乾燥するとヒビ割れするため鋸目を入れる「背割り」を施す。これらは乾燥小屋に入れられ天然乾燥させる。ここまでは四班の担当になる。

次の工程が木材加工である。一班、二班、三班がそれぞれの工作小屋で、棟梁による墨付けの後に切組《きりくみ》を行う。切組とは、木材を組み合わせるために施す枘《ほぞ》や継手、仕口などのさまざまな加工のこと。さらに彫刻を入れる部材は彫刻小屋に運ばれ、富山県砺波《となみ》他全国各地からやってきた彫刻大工の仕事が施される。仕上がった材は汚れないようにハトロン紙で養生し、いよいよの時がきたら宝物殿前の芝地を横断するように架線されたトロッコに乗せられ、社殿敷地へと運搬されるのだ。

◇

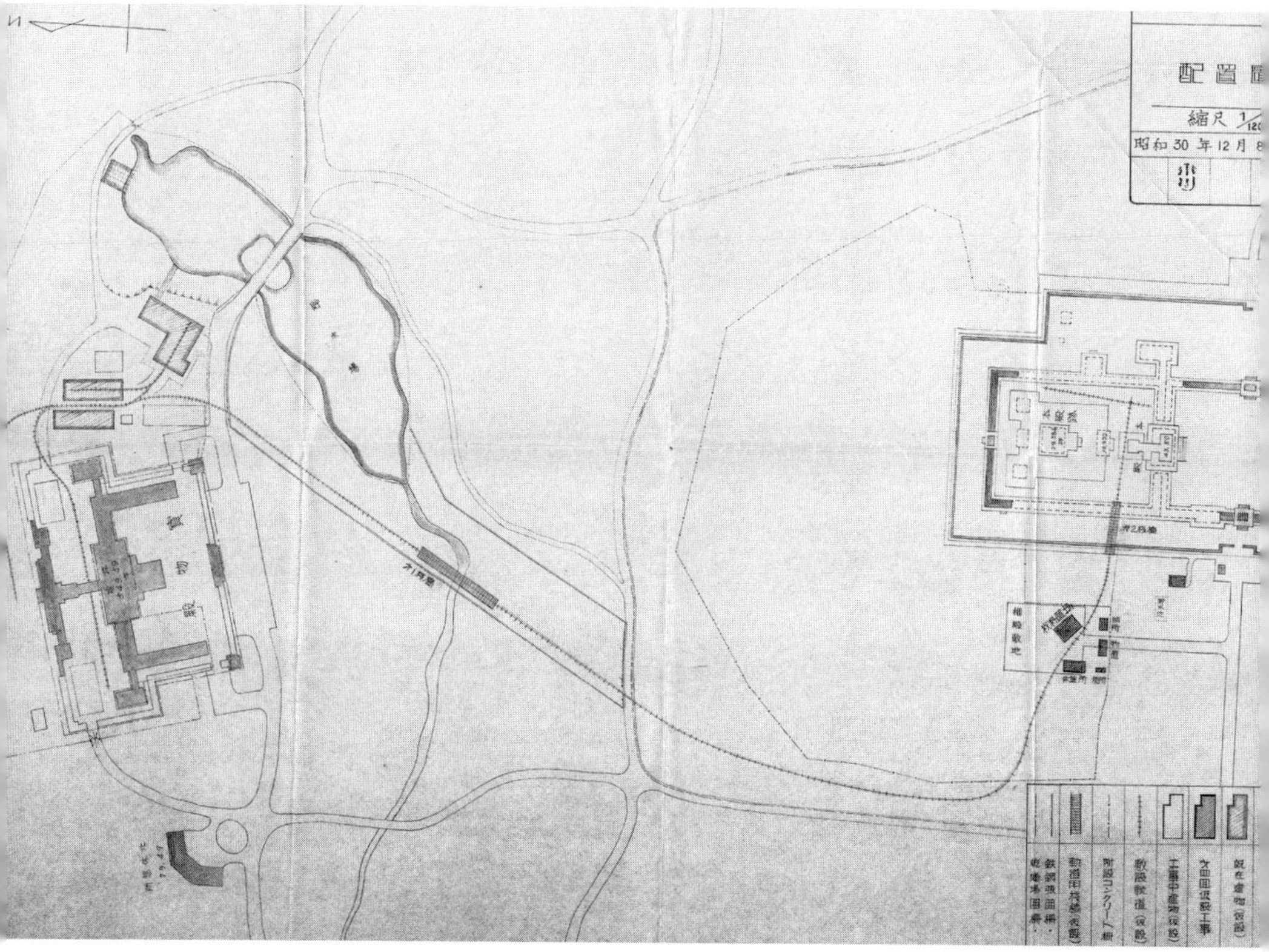

加工した木材を工作場から社殿付近へと運搬するトロッコの軌道を敷いた。
この軌道工事にあたっても、昭和30年11月25日に御造営用資材運搬車道建設奉告式を行っている

これらすべての大工仕事の成否を担うのは、中島総棟梁の指揮の下、四人の棟梁他が総出でなす現寸引付けの作業である。場所は飛行機の格納庫ほどもある現寸小屋。ここで二十分の一の実施設計図からさらに、社殿要所要所を現寸大にしてベニヤ板に作図するのだ。

反り屋根の垂木《たるき》のように数が多いものも、実は一本一本の反り具合を変える必要がある。またその先端の木口断面も、反りの加減で一つ一つが異なる菱形でなければならない。そうでなくては完成したときにあの優美な屋根の曲線を作り出すことはできないのだ。その微妙な加減を計算し、まさに垂木一本一本、木口一つ一つの現寸図を引くのだから気が遠くなるような作業である。

角南氏が好んだ幾層にも連なる屋根を実現するとなると並大抵なことではなかったという。桁《けた》と桁、垂木と垂木が交錯するような場所が幾つも生じる。しかしそれらの納め方は百分の一、二十分の一どちらの図面にも描かれてはいないからだ。図面にないものを図面に描く。これは棟梁の読みだけが頼りの世界である。例えば、複廊と祭器庫（現・祓殿《はらえでん》）の屋根が連なりあうところ。互いに

外拝殿から東に延びる複廊と祭器庫（現・祓殿）の連結部。複廊の桁が祭器庫に向かって捻じ上げられている。垂木の木口も一つ一つ形状が異なる。幾層にも屋根を重ね合わせて社殿の荘厳さを演出しようとした角南氏と、それに応えて図面にならない複雑精緻な仕事を成し遂げた、中島総棟梁以下大工達の技術が見事に凝集された箇所の一つである

製材小屋ではまず原木を木口切にする。
機械を操っているのは製材・木造り担当の
4班副棟梁である井上秋夫氏

高さが異なる建物のため、桁の高さも違ってくる（桁違い）。軒高の祭器庫に架かる複廊の桁はそのため祭器庫に向かって捻《ねじ》り上がる格好になる（捻り上げ）。当然それぞれの垂木も一本一本反りが異なれば、木口の形も異なる。完成した建物を見て説明するのは簡単なことであるが、これを二次元の図面から三次元の社殿へと実現したその空間演出力には驚嘆するほかない。

こうして棟梁らが議論を重ねて描いた数え切れないほどの現寸図は、次に角南氏以下技師達による検討が加えられて完成する。実際の木材加工に使用する際には、さらにこの現寸図から写し取った型板《かたいた》及び尺杖《しゃくづえ》（一本の長い木材に現寸図から主要寸法を写し取った大工独自の物差し）を作成し、これを元に墨付け・切組することになる。

現寸場の作業。現寸図から寸法を読みとっている

◘若き副棟梁の製材・木造り

昭和三十一年三月十四日、製材始の式。備え付けが済んだ製材機械にスイッチが入れられ、製材第一号として本殿の柱になる長さ二十三尺、直径二尺三寸の檜の原

井上秋夫氏。昭和6年、岐阜県生まれ。中島総棟梁と同じく、
明治神宮の現場に入る前は名古屋の伊藤平左衛門氏の門下で修業を積んだ。
臨時造営部解散後は明治神宮営繕課の職員に。川村昭二氏とともに
復興造営後も社殿の維持管理に努めてきた（遠藤貴也氏撮影）

木に初めて刃が入れられた。この大役を担ったのは井上秋夫氏。現在も現役で仕事を続ける同氏は、この時二十五歳という若さで四班の副棟梁を務めた。五月三十日に釿始祭《ちょうなはじめさい》を迎えるまでは目の回るような忙しさだったという。この釿始の儀式を合図に、一班から三班までの木材加工が始まることになるのであるから、製材及び木造りもそれまでに進めなくてはならない。「なにしろ造営に使った木材で僕の手を経なかったものは一本もないわけです」。

　木造りでは、型板に従って墨付けされた仕上寸法より三分余裕を見て「荒取り」する。「一尺八寸の丸柱の場合なら、手押し鉋で一尺八寸三分の八角形に落とすのが僕の仕事」。そこから大工が墨付け切組仮埋木して、八から十六、十六から三十二、三十二から六十四と根気よく丸鉋で仕上げるとちょうどになる寸法だ。この時、仕上がった際に芯が見えなくなるよう、大工仕事の先回りをして納まりを考えながら加工するのが腕の見せ所でもある。

　厄介だったのは柱にしても梁《はり》にしても部材が大きいこと。本殿破風《はふ》ともなると長さが三十三尺、幅が一尺五寸。狭いところでも幅が一尺三寸はある。「高いところに乗っかってますから大きさが分からないでしょうけど、あれを一枚の板から取るわけですから八人で持っても持ち上がらない」。下にコロを咬ませて班の仲間と力を合わせた。「今は鋸が動けばいいけど、この時代は材料を動かさなくちゃいけない。そういう苦労があった」。

木曽山中から伐り出された原木は、樹齢が250年から300年。製材・加工は班員が声を出し合い、力を合わせる作業になった。木口の製材墨付けに従って製材する

また、段取りに頭を悩ませて眠れないこともあったという。出来るだけ有効に材を使うには、どんな工程を踏んで鋸をあてればよいか。木曽山中から伐り出した貴重な御用材である。造営部ではどんな木っ端も無駄にしないように努めた。「隔雲亭《かくうんてい》に、池に面した長い廊下がありますね。あの床は一枚板で引いてあるんですよ、継ぎ目なしに」。拝殿の長押《なげし》材を製材する際、鋸の入れ方に工夫を凝らすことで得られた残材なのだという。

若き副棟梁は現場で可愛がられ、現寸場にも木材加工場にも顔を出しては仕事を覚えた。井上氏もまた、川村氏と同じように造営部解散後も明治神宮営繕課に残り活躍。後には自ら長殿《ながどの》や車祓舎の設計をするまでに至った。「七十歳まで使っていただいて。僕の人生は明治神宮一筋です」。

◇釿始祭から始まる木工事

井上氏らの手を経た木材が大工らの手に委ねられる日。昭和三十一年五月三十日の釿始祭は、角南造営部長以下造営部員及び工員らの奉仕のもとに執り行われた。釿始祭は、「手斧《ておの》始めの祭り」とも呼ばれ現在の起工式に当るが、古くは何人も猥《みだ》りに窺うことができなかった

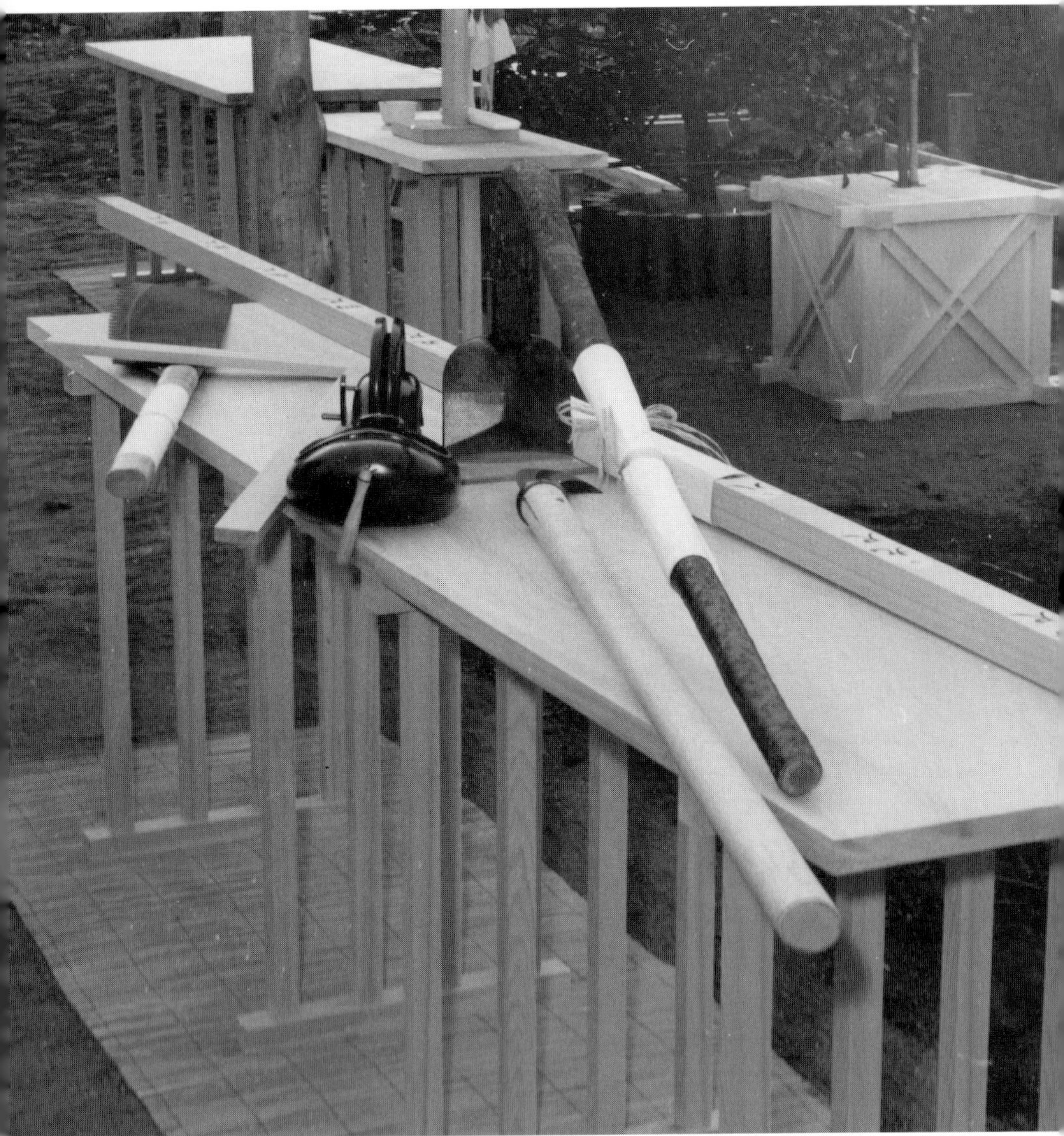

昭和31年5月30日、釿始祭で用いられた道具類。右から尺杖《しゃくづえ》、釿《ちょうな》、槍鉋《やりがんな》、墨壺《すみつぼ》、曲尺《さしがね》、鋸《のこぎり》

釿始祭槍鉋の儀。工匠を務めるのは松本昇技師

井上秋夫氏らが木造りし、釿始祭時には八角形だった柱材を、大工達が時間をかけて丸柱へと仕上げる

切組加工。左側に積み上げられた加工材には「内拝殿枠肘木《ひじき》」などの文字が見える。
肘木と斗《ます》とを合わせた組み物は、軒裏や天井の周囲などに取り付けられる

肘木と大きな斗（大斗）の仮組み立てが終わった本殿大斗升組。
これらの作業はすべて工作場で行われる

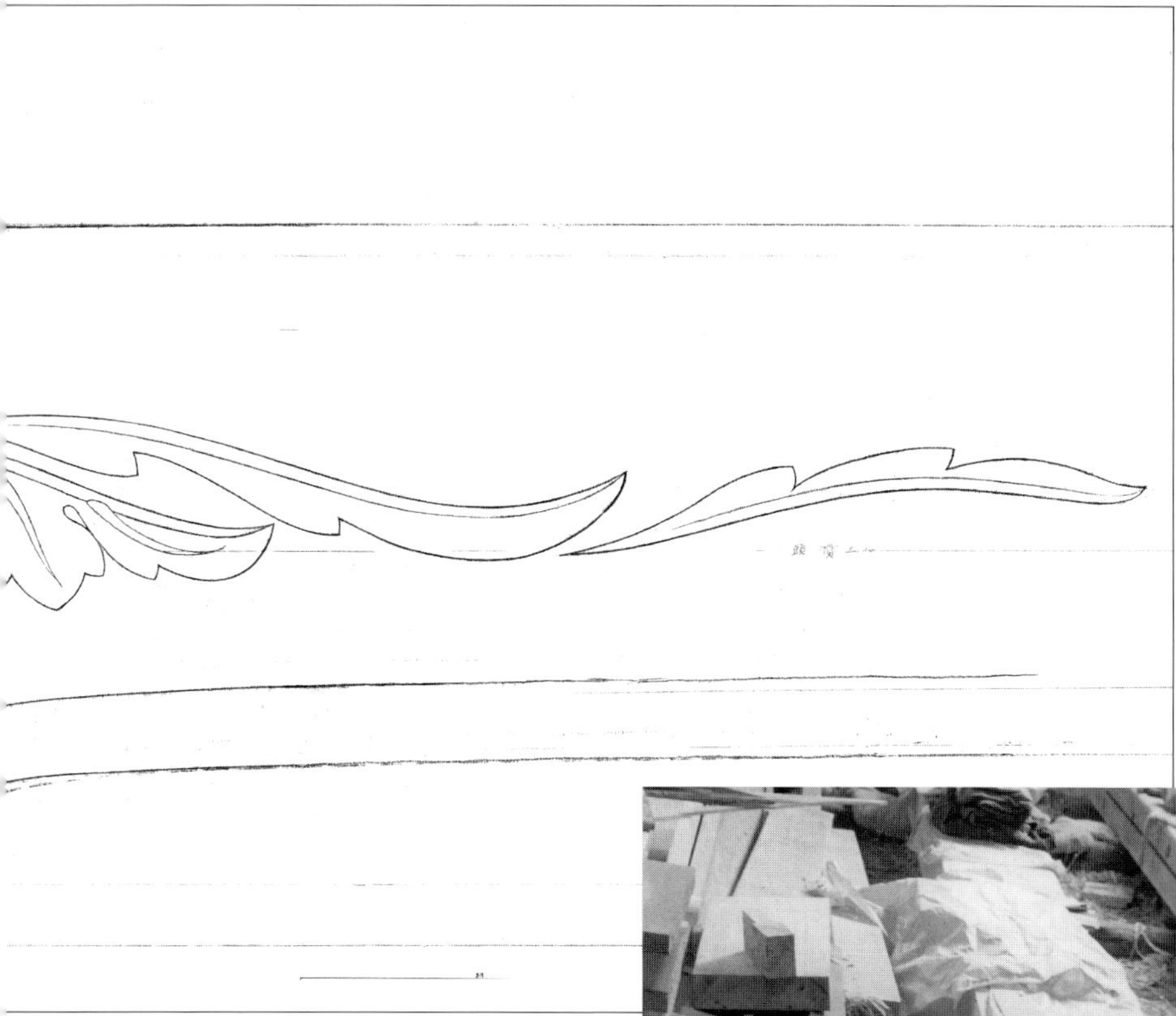

彫刻大工の手によって、内拝殿虹梁《こうりょう》の菊花御紋章がまさに姿を現そうとしている。彫刻部屋での仕事

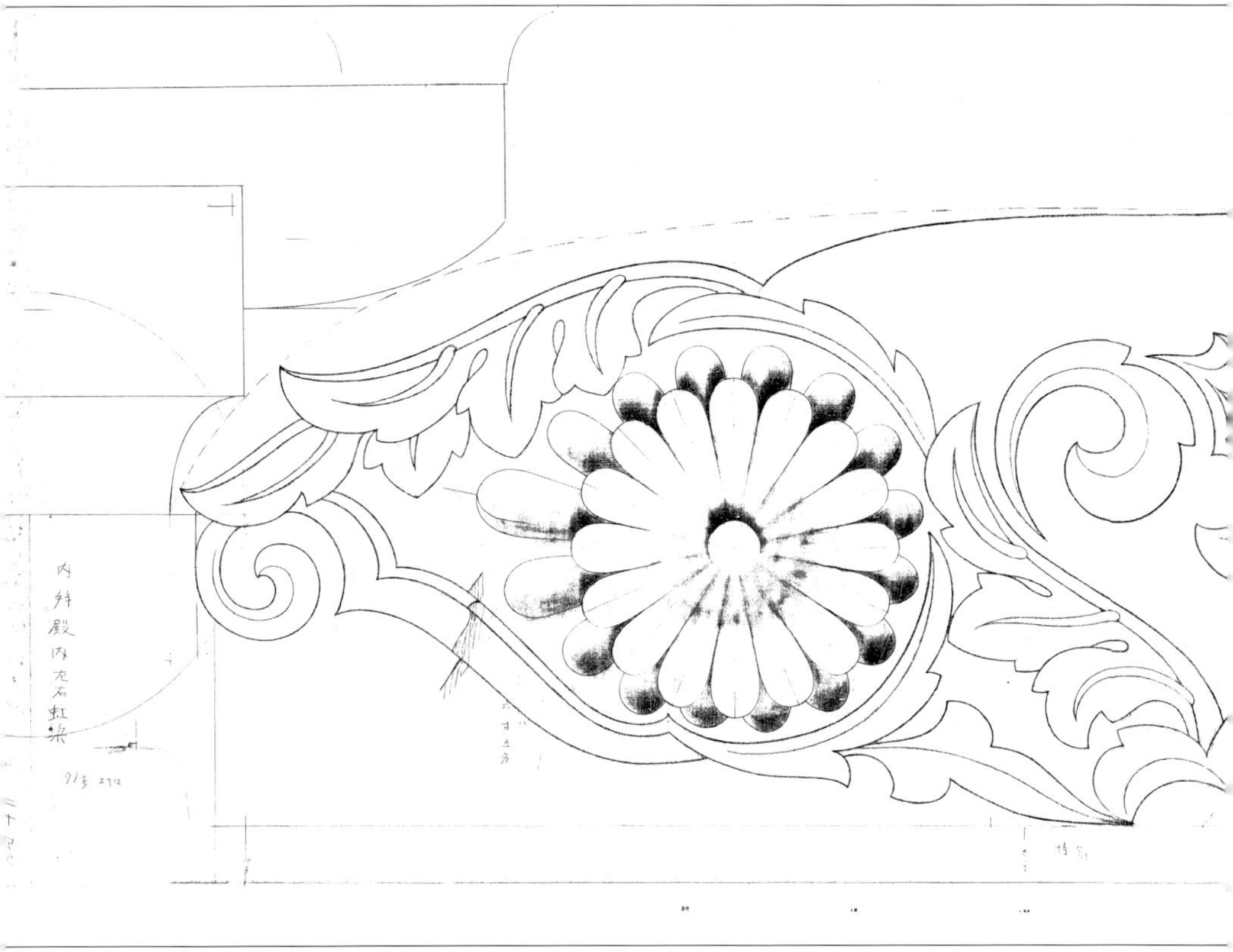

角南隆氏による内拝殿虹梁の彫刻図面。オリジナルは現寸。
錺金具の文様デザインも同様に、すべて現寸の図面が作成された

重儀であるという。これから始まる木工事で大工が行う一連の動作が、儀式のなかで象徴的に再現される。すなわち「寸法をとる」「墨を打つ」そして「削る」である。

まず杖量《じょうりょう》の儀。直垂素襖《ひたたれすおう》の工匠らが手にする長い木材、これこそ現寸図から寸法を写し取った大工の物差し、尺杖である。尺杖で長さを図って鋸を入れる、これが鋸の儀。次に墨掛け墨打ちの儀が続く。最後に釿と槍鉋《やりがんな》でそれぞれ削りの仕草を行う、釿の儀と槍鉋の儀で祭典は終了となった。

◇

木材加工の場面にも、角南部長の細部への執着を随所に見ることができる。彫刻である。これにはベニヤ板の現寸図とは別に、詳細な文様の図面を作る。勿論、現寸である。技師らが描いたラインが少しでも気に入らなければ何度もやり直させ、また自らも夜遅くまで描き続けたという図面が今も明治神宮には大切に保管されている。意匠デザインへのこだわりという点では、後で触れる錺《かざり》金具も同じだった。

事務所の壁いっぱいに紙を貼り、一間半の棒の先に木炭を括り付けてデザインした。その手伝いを何度もしたという外山勝志名誉宮司は、当時のことを振り返って語る。「私は毛羽根のはたきを持って、先生が『その上のところをちょっと消してくれ』というと、ぱっぱと消すというような助手役でした。気が乗ると、十時、十一時までやったもんですよ」。角南氏はこう語ったという。「定規でやれば一番簡単だけど、それをやると曲線が硬くなっちゃう。流れるような自然の形にどうしてもならないんだよ」。

角南氏が描いたその流れるようなラインとは、例えば本殿鬼板《おにいた》であり、内拝殿正面中央虹梁《こうりょう》であり、錺金具でいうならば本殿及び拝殿の扉八双金物の菊の葉の文様に見事に実現されている。彫刻大工は、現寸大のデザイン図をカーボン紙で写し取って形にした。時には粘土を使って実際に彫刻をし、角南氏に見せて手直しを乞うたそうである。それは飽くなき美の追求だった。

昭和31年4月18日、地鎮祭。写真は、忌鍬を持った童女、在間明美氏による穿初めの儀

◆赤誠に支えられた基礎工事

仮殿遷座祭から約一ヶ月後。工作場での作業が進むのと並行し、旧社殿敷地においてはいよいよ本格的な基礎工事に着手することになり、三十一年四月十八日地鎮祭を斎行する。明治神宮復興奉賛会はこの四月より高松宮宣仁《のぶひと》親王殿下を名誉総裁にお迎えしており、この日、殿下の御来臨を仰ぐ光栄を得たのである。

御社殿造営にあたり土地の神様である産土《うぶすな》神と大地主神《おおとこぬしのかみ》に祈願する地鎮祭は、大正創建時の地鎮祭そのままに執り行われた。祝詞奏上の後、斎主が宮地を東北の隅から始めて四隅を祓い、最後に中央を祓う。次に汗衫《かざみ》姿の童女が忌《いみ》鎌《かま》を持って三度草刈初めの式を、次に別の童女が忌鍬《いみくわ》を持って同様に穿初《うがちぞ》めの式を行う。最後に副斎主が鉄人像、鉄矛等の忌物《いみもの》を唐櫃《からひつ》に入れ鎮物として埋納。かくて地鎮祭は滞りなく終了した。

◇

復興造営工事は直営を旨としたが、基礎工事及び上屋足代《うわやあしば》架設工事は請負で行われた。こ

れを担当したのは株式会社間組である（次章参照）。また、基礎工事のうち石工事は、茨城県の中野組石材工業株式会社がこれを担当した。この基礎工事に使用されたセメントを明治神宮復興奉賛会への物品奉納として調達したのが、秩父セメント株式会社である。奉納に至るまでの事情については、奉賛会事務局にいた福島信義氏の回想に詳しい。

（前略）たまたまその当時、秩父の第二工場が稼働を始める時期となっていましたので、第二工場の初釜のセメントを一万一千袋明治神宮に奉納して御造営に使って頂こう、このくらいのことは、我々重役が一致協力して会社に迷惑をかけないようにすればよいではないかと（秩父セメント株式会社の）重役会で決定され、三十一年一月二十七日諸井社長が自ら鷹司宮司を訪ねて来宮され、第二工場の初釜のセメント一万一千袋を奉納させて頂きたい旨申し出があり、関係者一同感激をしました。

いわばセメントのお初穂奉納である。昭和三十一年四月八日、このデンマーク式最新設備を誇る第二工場の完成奉告祭が伊達巽権宮司を斎主に行われた。諸井社長以下多数の従業員、デンマーク公使等の来賓、又同地におゆかりの深い秩父宮妃殿下も御参列遊ばして御手づから火入初の儀を行われたという。

続いて五月八日は奉納セメント初荷搬入式である。朝九時二十五分、渋谷の倉庫から五色の吹流しと幟旗を立てたトラック三台が出発し、環状線を通り神宮代々木口に到着。そこからはお木曳の要領で、セメントを乗せたトラックが、江戸消防記念会による木遣歌に伴奏されながら、本殿西側にある間組の倉庫まで綱で曳かれた。秩父セ

旧社殿敷地の残材が整理され、コンクリート工事に向けて準備が進む。白い半纏姿は間組の作業者たち

秩父セメント株式会社による奉納セメント搬入式。
当日は、諸井貫一社長とともに新工場の工場長以下職員らが初荷のセメントを明治神宮へと運び入れた

中野組石材工業株式会社の石工事も始まった。
茨城県稲田産の花崗岩は名石として全国各地の社寺仏閣等で用いられている

メント従業員、造営部工員そして間組従業員の総勢約二百名が綱を握った華々しい一日であった。

◇

昭和三十一年八月十日から中野組による石材の搬入が始まった。茨城県稲田名産の花崗岩《かこうがん》で、御影石とも呼ばれる。要した石材総量は一尺角約十四貫の石切れにして二万切れ分に相当し、工事完了までに延べ八千名の石工が関わった。実は、同社社長中野慶吉氏の父親もまた、大正九年の造営工事に携わっている。神宮橋を施工したのが同社であった。慶吉氏は親子二代にわたる光栄に感激し、父親の墓前に契約書を供えて報告したのだという。

外拝殿正面の向拝には、長さ十四尺、幅七尺、重さ六トンに及ぶ七畳敷の一枚岩が使用されている。これは、予算の関係上何枚かの花崗岩を継ぎ接いで据えつけようとしたところを、中野社長の好意で納入されたものだ。当時の新聞には「丸の内の第一生命ビルにあったものより、約二倍の大きさで、これは名実ともに日本一の大きな御影石」と紹介されている。また、松下幸之助氏の献金により復旧が進められていた隔雲亭工事で、母屋の沓脱石の調達に苦慮していることを聞きつけ、直ちに稲田産花崗岩四個を奉納したのも中野社長であった。

造営工事現場の随所で示されたこれらの美挙を我々は

高さ60尺に及ぶ上屋が架けられた社殿敷地。
いよいよこの中で、柱立てを始めとする建方工事がスタートする

昭和32年5月7日、立柱祭の奉仕を終えた造営部職員と大工達。
前列中央の斎服姿が角南隆部長、その向かって右後ろに立つのが中島総棟梁（中村詔雄氏提供）

宝物殿前工作場を後にし、社殿地へと運ばれる御柱。
ロープ跡がつかないように、紙を貼って養生した上にも、さらに養生布団で保護した

忘れずに語り継ぐべきであろう。

◇

昭和三十一年九月三十日、石工事を含めた基礎工事の終了と同時に上屋足代工事が始められた。本殿・祝詞殿・内拝殿・外拝殿を覆う大掛かりな上屋であり、総坪数にして千余坪、高さは六十尺に及んだ。工事に要した丸太は三十五尺の長尺ものをはじめ大小丸太六千本、板材百余石、トタン板四千枚。延べ千六百三十人の工員がこれに従事した。昭和三十二年二月二十二日、工事完了。さっそく社殿柱の建方開始である。

◆立柱《りっちゅう》祭から上棟《じょうとう》祭へ——建方進む

昭和三十二年五月七日、奉賛会関係者二百七十余名参列のもとに立柱祭が行われ、角南造営部長以下造営部員、工員が奉仕して、本殿及び各殿舎の立柱の儀が挙行になった。直垂姿の工匠長検知のもとに振幣が行われ、その掛け声でエイエイエイと木槌で柱を三回打つ。既に建てられた柱を傷つけないように木をあてがった本殿正面の柱をはじめ各社殿の主要な柱を、素襖姿の工匠が厳かに三度槌で打ち固めた。

上屋完了を待って建方工事をはじめてより約二ヶ月半。本殿十八本、内拝殿四十本、外拝殿三十本、その他の社殿をあわせて実に百八十本にも及ぶ柱をこの間に立てたことになる。社殿中最

立柱祭に向けて進められた建方作業

昭和46年、中島幸治郎氏の勲六等瑞宝章受勲を祝って再会した元造営部のスタッフ。和服姿が中島夫妻。後列右端が川村氏。前列で肩を組むのは外山氏（向かって右）と井上氏（中村詔雄氏提供）

大の柱は本殿内陣にあり、これは直径一尺七寸、長さ二十二尺、目方が百二十五貫という長大なものであった。

二月二十二日の吉辰を卜《ぼく》し、御本殿東北の隅の柱から建て始めた。いわゆる鬼門柱で一本だけ節が多いものをあてるのが習いである。外拝殿では向かって左隅の柱がそれにあたる。よく見れば、ことさら一本だけ節の多いものが使用されていることが分かる。

柱には紙を貼って養生したが、手の脂がつかぬよう細心の注意を払い手袋をはめて作業した。工作場から建方現場まで柱を運ぶトロッコは、主に高校を出たての若い労務員が担当した。宝物殿前から本殿までは上り坂になっており、重いトロッコを押すのに往生したものだという。

遷座祭を迎えるまでに工期の余裕はない。柱の建方は各班の競争になった。このあたりの現場の雰囲気を、造営部総務課に属する神宮職員、造営課の技師であり三班班長、製材の四班副棟梁として、

それぞれ同じ時間を共有していた外山氏、川村氏、井上氏の三者の回顧談で少し紹介したい。

外山　この頃の工作場は、柱が一本立つごとに班ごとで立柱祭でしたね、お祝いだって言って（笑）。川村さん達は班長でしょう、「乾杯しよう」って言うんだもの。でも酒のストックがあるわけじゃないから、買わなくちゃいけない。福島課長には「そんなにしょっちゅう出せるか」って言われたんだけど、でも僕も首をかけましたから。僕も好きだからね（笑）。一本立つごとに二升用意した。

川村　それが良かったんですよね、競争になって。皆喜んで工作場で酒盛りやってた。茶碗酒でね。福島課長は、飲むと仕事の話は一切しないで皆を楽しませることを考えていた。唄も唄ってましたし。そういうところがね、すごいなと思いましたよ。

井上　それにしてもね、なんで茶碗酒ってあんなに美味しかったんだろうね（笑）。

◇

立柱祭が終わると建方工事も本格化し、垂木などの

本殿、祝詞殿、内拝殿の全景。正面奥が野垂木取り付けの本殿、その前の小屋組みが祝詞殿。
手前で大工が作業中であるのは内拝殿唐破風《からはふ》

内拝殿正面唐破風懸魚《げぎょ》の取り付け。
中央で懸魚を抱いているのは中村詔雄氏

外拝殿垂木の取り付け

昭和32年8月24日、上棟祭。上棟の儀に先立って、伊達巽権宮司以下神職奉仕による祭儀が執り行われた

取り付けが行われる。彫刻を施した蛙股《かえるまた》や虹梁も運び込まれた。主要建物の上棟を終えたところで、造営工事の山ともいうべき上棟祭を迎える。昭和三十二年八月二十四日のことである。

上棟祭。木工事の重儀とされ、屋船の神、工匠の神を祀りその恵みに感謝するとともに、なお落成までに災いがないよう祈願する祭りである。屋下の中央に神籬《ひもろぎ》を安置し、各屋上正面棟木に幣束を立てる（本殿五、内拝殿三、外拝殿三、神饌所三）。その左右に弓矢各一基を飾り、外拝殿石階下に博士杭を打ち棟木から綱をかけるようにする。

祭儀は、名誉総裁宮殿下をはじめ会長以下奉賛会役員、地方本部長、都内支部長ほか関係者一千五百余名が参列して行われた。斎主の祝詞奏上に続き、上棟の儀は角南造営部長以下造営委員及び工匠が奉仕。次に曳綱の儀。名誉総裁及び祭員、参列の人々が紅白の綱を握り、「エイ、エイ、エイ」の掛け声も高く棟木を曳きあげる。

続く槌打の儀では、振幣役が「千歳棟《せんざいとう》」

上棟の儀の打ち固めの神事。幣の振りに合わせて槌打ち役が棟木を打ち固める

と唱えれば屋上の応声役が「オー」と応え、槌打役が棟木を打ち固めること三度。同様に「萬歳棟《まんざいとう》」「永々棟《えいえいとう》」と三回打ち固めるのである。最後に災いを祓い除くための散餅散銭の儀が行われて上棟の儀はめでたく終了した。この日、一般参拝者への餅撒きも、表参道入口広場で午後より行われている。

◇不眠不休の錺金具取り付け

ここから三十三年秋の遷座祭までの期間は、屋根葺工事及び内部造作取付工事に費やされる。施工を請け負った業者は以下の通りである。

一、屋根工事
　株式会社小西美術工芸社、(株式会社仁村)、有限会社古川板金、大竹金属株式会社、谷上商店
二、錺金具工事
　株式会社森本錺金具製作所、株式会社儀村才治郎商店
三、塗装工事
　株式会社遠藤塗工
四、電気工事
　株式会社中央電気工事
五、防火設備工事
　株式会社能美防災工業
六、給排水設備工事
　塚越工業所
七、殿内舗設工事
　高田装束店

南・東・西・北各神門、廻廊など残存建物の屋根銅板葺替工事は、昭和32年3月より作業が進められていたが、上棟祭後は社殿の屋根銅板葺工事を開始した

竣功間近い内拝殿正面の唐破風。井上秋夫氏らが製材に苦労した長大な破風材を用いた。角南隆氏が意匠デザインした懸魚は、中村詔雄氏らによって取り付けられた

木曾山中での木本祭から遷座祭予定日の三十三年十月三十一日まで三年半弱。まことに厳しい日程であったことは事実である。最終工程の内部造作取付けともなるとなおさらであったろう。ここでは、錺金物製作を分担して請け負った京都の老舗、儀村才治郎商店と森本錺金具製作所からのエピソードをいくつかご紹介する。どちらの老舗でも、明治神宮復興造営のために尽力された錺師の方が今もお元気でいらっしゃる。

◇

神社建築では、その社殿様式によって化粧金物が取り付けられる箇所が定まっている。各長押の六葉は釘隠しであり、木口金物は耐蝕防止を兼ねる。まさに用の美だ。地金は加工に適した銅板。そこに角南隆氏が心血を注いで描いたという現寸の文様デザインが慎重に型どられる。続いて「彫り」と「打ち」の加工である。例えば、一本の鏨を連続的に打ち込んでいくことで線形模様を生み出す「蹴《け》彫《ぼり》」、魚卵のような点々模様を地の部分一面に打ち込んで立体感を出す「魚々子《ななこ》打ち」。いずれも金属の特性を知り尽くしていなければ成し得ない伝統技法である。最後に鍍金《めっき》を施して仕上がりとなる。

我国で金属の使用が始まり、その加工技術が発達するのは弥生時代のこと。以来千数百年にわたって、京都に技法は受け継がれてきた。その古都、東本願寺の向かい側に儀村才治郎商店はある。創業明治十年。現在の店名は、社長である儀村浩之亮氏が昭和二十七年に会社を設立する際に、創業者である祖父の名を冠したもの。初代儀村才治郎氏は、東本願寺勅使門の錺金具を仕上げた職人として名高い。その三代目、浩之亮社長は大正十四年生まれ。会社を立ち上げた頃は、御遷宮を迎える伊勢の神宮の仕事で忙しかったが、「昭和二十八年に終えまして、さあ次の仕事はと思ったら営業してなかったから無いわけや」。十二歳から本格的に修業を始めて以来、職人の道一筋の浩之亮氏であったが、これでは社長業が務まらない。「こらえらいこっちゃ思って。それで私は鞄を一つ下げて東京へ行った。昭和三十年、三十歳の頃です。忘れもしない、上野の宝ホテルに泊まりました。一泊素泊まりで三百五十円。それで、まず行くんやったら明治さんとこ行かなあかんと思って、とことこ入っていった」。そこで会ったのが造営部の松本昇氏だった。「儀村のところの孫か」。儀村初代からの付き合いがある松本氏のお陰で耳寄りな情報を耳にした。「ここはまだ設計やっとって錺金具はもうちょっと先になるから、浅草の観音さん行って来い」と。そこからとんとん拍子に、浅草寺、川崎大師、そして明治神宮と仕事が広がったのだという。「そんなんで、儀村が東京で仕事を繋げることができたんも、神宮さんのおかげということでよろしいわ（笑）」。現在八十三歳。平成四年には、優れた建築作品の製作者に贈られる吉田五十八賞を受賞した、建築美術界の重鎮である。

◇

その儀村才治郎商店と仕事を分担したのが、戦時中角南隆氏の装束を預かっていたというあの森本錺金具製作所である。初代森本安之助氏が創業したのは儀村と同じく明治十年。実は大正時代の明治神宮御造営でも、二代目が中門及び神饌所等の錺金具を受け持った。御復興に携わったのはその二代目と後を継いだ御子息の三代目森本安之助氏、昭和三年生まれ。現在、文部省が認定する錺金具の選定保存技術保持者である。

「森本家への追憶」と題する角南氏の短文には、次のような一節がある。

（前略）台所を通ると脇に大きな盥《たらい》が置いてあり、水を張って、中に大きな鯉が泳いで水をはねている。

「何か、お祝いごとでも……」

と聞くと、

「昨夜男の児が生れまして」

三代目森本安之助氏誕生の一コマである。第五十八回神宮御遷宮造営工事の仕事の件で、角南氏が森本家を訪れたときのことだという。この世に生れたその日から、角南氏との付き合いが始まった。

本殿外陣御扉の鋳金具図面。オリジナルは現寸（遠藤貴也氏撮影）

本殿外陣御扉の錺金具。角南氏が最も力を入れた文様デザインの一つ。中央の掛金は、
その形状から意匠に至るまで明治神宮独自のものである（遠藤貴也氏撮影）

京都工業専門学校を卒業後、昭和二十三年から父である二代目の元で錺職の道を志す。それから十年。明治神宮の錺金具製作には忘れられない苦労があった。

「そら、ひっくり返りますよ。工場では二ヶ月ぐらい毎晩十二時、一時でした」。鍍金屋もあわせれば五十人もの職人が揃っていたが、それでも間に合わない。「御社殿への取り付けも、本来ならうちの職人さんが行くべきなんですが、んなもん、とても足りんから言うて、私一人現場へ行って取り付けた」。明治神宮の傍に宿をとって、毎晩二時、三時まで取り付け作業に追われたのだという。

一番最後の取り付けが終わったのは、実に十月三十一日遷座祭のその日であった。「遷座の朝に、まだほこほこの熱いのを京都から汽車で持ってきてもろた」。

丁寧な仕事が信条の京の老舗に、厳しい工期で無理を頼まねばならなかったことには角南造営部長も内心忸怩《じくじ》たるものがあったことだろう。竣功を祝う式場で、同氏が以下のようにその挨拶を締めくくったという事実は胸を打つ。

> すべては、大神も御照覧下さっていることと思うが、此機会に、諸員の不休の努力に対し、私としては満腔の謝意を捧げる次第でありますが、明治神宮に御関係ある崇敬者各位に於かれても、之等諸員の奮闘に対し褒めてやって下さいと御願する次第であります。

宵闇に浮かび上がる灯りがついた新社殿。御祭神をお迎えする遷座祭の日を静かに待つ

1-6 甦った代々木の杜

◘本殿遷座祭遷御《せんぎょ》の儀

昭和三十三年十月三十一日。遂に仮社殿から新本殿へと、御祭神の御神霊をお遷《うつ》しする時を迎えた。本殿遷座祭遷御の儀である。昭和二十年四月十四日、杜を襲ったあの悲劇の夜から十三年余り。御祭神には、宝物殿から宝庫、そして仮殿にとその度に御動座願った日々であった。それも今宵で終わる。遷御の儀は、午後八時から浄闇《じょうあん》のうちに執り行われるのだ。

午後四時。この日を待ちわびた奉拝員が続々と受付に参集する。この日の一般参拝は午後三時四十分までで終いとなった。

午後六時。受付締め切りを迎える頃には、外拝殿の参列者、廻廊内外の参拝者もほぼその席を埋めた。遠くは北海道、九州からもこの盛儀を拝しようとやってきた人々は、楼門を出た彼方までも続きその数、総勢約六千余名。中には奉賛した外国人や各国大使館大公使の姿も見られる。夜のしじまが杜を包み、灯火に彩られた新社殿がくっきりとその美観を浮かび上がらせる頃。

午後七時。大太鼓が参進の時刻を告げる。黒袍《ほう》に小忌を着け木綿蔓《ゆうかずら》、木綿襷《ゆうだすき》に威儀を正した伊達巽権宮司に続いて、赤袍の禰宜四人、緑袍の権禰宜等が祓舎に向かって進む。供奉《ぐぶ》員は、高松宮宣仁《のぶひと》親

庭燎に照らされ右側に見えているのは雨儀廊。この中を遷座の列が進む

王殿下を始めとし、御祭神の皇女、北白川房子《ふさこ》、東久邇聰《とし》子《こ》御二方、その他の方々。

午後七時二分。勅使掌典室町公藤《きんふじ》及び随員、御苑北門前より参進し祓舎の所定の位置に著く。修祓《しゅばつ》。終わって勅使、随員、権宮司以下祭員の列は、玉砂利を踏み仮殿へと進む。ボーイスカウトらが奉仕する庭燎《ていりょう》に照らされて明衣《みょうえ》が神厳さをたたえる。一同着席、まず勅使が、新殿竣功により遷御申し上げる旨の御祭文を奏上。次に召立役が召立文を読み上げる。静寂そのものの境内に、呼応する声の余韻長く闇に消えて。

午後八時。典儀が笏《しゃく》拍子を打ち、仮殿よりの出御を報じる。この時、境内からは灯火、庭燎すべてが一斉に消えた。物音一つしない静寂を破って警蹕《けいひつ》の声。遷御の列は仮殿から東神門、南神門とまわって拝殿から本殿へと進むことになる。その距離千余尺。足元を赤く照らす二本の松明を先導に、まず御楯、御弓、御太刀等の御神宝の前陣が進む。

午後八時五分。明治天皇と昭憲皇太后の御霊代《みたましろ》が、行障《こうしょう》、絹垣《きぬがき》に囲まれた二つの御羽車で、東神門外東側に座した奉拝者の前を進む。既に前陣は南神門に達する。宮内庁楽師が奏する笙《しょう》、篳篥《ひちりき》、龍笛《りゅうてき》三管による道楽《みちがく》とともに拍手《かしわで》の波が南神門へと続く。神御の南神門通過の際には、社務所前に控えたニュース映画、テレビ、新聞社のライトが約四十

秒点ぜられ、浄闇のなかに絹垣を浮かび上がらせる。一層の拍手。水で消された庭燎の白煙がなびいて、張り巡らされた雨儀廊《うぎろう》が夜目にかすむ。

午後八時十五分。神御は外拝殿到着。新社殿に第一歩が踏み入れられた。石階御通過の四十秒間のみ、またひとしきり新聞社のフラッシュが光る。外拝殿から内拝殿への漆黒の闇のなか、参列員が一斉に起立して拝礼。

午後八時十七分。二つの御羽車は本殿の奥へと消えた。続いて高松宮殿下、北白川、東久邇御二方

本殿遷座祭遷御の儀。御祭神の御霊代をお運びする御羽車を絹垣で囲み、神御は外拝殿へ到着

御羽車に続いて本殿へと進まれる高松宮宣仁親王殿下、北白川房子さま、東久邇聰子さま

を先頭に、宮島清次郎奉賛会長、星島二郎・松野鶴平衆参両院議長、灘尾弘吉文相、愛知揆一法相、坊城俊良神宮大宮司、秋岡保治神社本庁事務総長ら三十五人の供奉員の行列が従う。

午後八時二十分。伊達権宮司により、御霊代は檜の香も高い新社殿の奥深くにお鎮まりになった。この時、一斉に再び灯火が点ずる。勅使が御祭文を奏上。次いで高松宮殿下、そして両皇女さまが玉串を奉奠《ほうてん》する。起立して拝する外拝殿の参列者。松野参院議長の玉串奉奠が行われる頃、拝殿外の奉拝者から自然にわき出るように「君が代」の歌声があがった。低く、しかし力強い歌声は人々の気持ちを如実に表したようで、遷御の儀中最後を飾るにふさわしい感激の一瞬であったという。

午後九時、勅使以下参列員諸とも新社殿より退下し、ここに遷御の重儀は滞りなく終了した。参列者が退下した拝殿には待ちかねたように参拝の人々が押し寄せ、本殿に向かって手を合わせた。参拝の列は十時過ぎまで続いた。

◇

鷹司信輔《たかつかさのぶすけ》宮司は、病身にありかねてより静

養中であったが、この日午後七時に出仕し、社務所玄関前で遷御の儀を奉拝している。同氏は、昭和十九年九月に前任の藤田尚徳《ひさのり》宮司が侍従長に親任されるのをうけて第五代宮司に就任した。困難な時代を明治神宮のために捧げた日々だった。遷座祭の翌年にこの世を去る。享年八十歳。

この日、禰宜として遷御の儀に奉仕した北島新孝氏は、生涯でこれ以上に魂を揺さぶられたことはなかったという、その感激を手記に綴っている。

> 神厳とか神秘とかいふよりこれは恐しいと云った方がよいだらう。全身の体液がそのままいてついてしまったやうに思はれたのである。（中略）この夜のこの瞬間は戦後の国民史に一つの新しいくぎりをつけたことになりはしないか。此の祭典はかつてのやうに皇室や高位高官だけのものではなく、民衆の祭典として一切運ばれそして国民の大多数から祝福をうけてゐる。これを神道復活とか逆コースだなどとヒステリックに叫ぶのはよさう。国民が精神と生活の安定をとりもどしたことなのだ。また国民がしっかりと地に足をつけて明日のことを考へるやうになったといふ一つの重大な証左なのである。

◆復興から成長への時代のなかで

翌日十一月一日の奉幣《ほうべい》の儀から三日の明治神宮例祭へと奉祝の諸儀式は続いた。そして四日には、天皇・皇后両陛下行幸啓のこととなり、十時二十分着御、御親拝あらせられ、十時五十分発御、還幸啓遊ばされた。

この日から十一月十四日まで、境内のみならず都内各所で奉祝のさまざまな行事が催されることになる。神前舞台では、能楽、邦楽、邦舞そして洋舞の奉納。隔雲亭《かくうんてい》では献茶式。宝物殿前の芝地においては、文化放送奉納の吹奏楽パレード。内苑を飛び出して日本青年館で行われた「奉祝の夕」。徳

遷座祭遷御の儀から一夜明けた11月1日。奉幣の儀に参列するため、
修祓を受ける宮島清次郎奉賛会会長をはじめとする参列員

11月4日、遷座を終えた新社殿へ御親拝になられた昭和天皇

防衛庁ほかの吹奏楽団の演奏は、宝物殿前芝地を埋めた人々を魅了した。ニッポン放送他奉納

地元各町会のお神輿もお祝いに繰り出した。背後に見える奉祝塔も各所に設置された

川夢声氏の講話「明治の思い出」に続いて行われた「なつかしのメロディー」と題したコンサートは、NHKの公開録音であった。さらに渋谷東横デパートでは「神社の建築展」、日本橋三越では「明治天皇展覧会」。専売公社は記念煙草「ピース」一千万本を発売し、都電・都バスも記念乗車券を発売するなど、全ての催事を記すのは誌面が許さない。

そのうちの一つ、二日午後六時に始まった歌謡大会をのぞいてみる。場所は第二鳥居前に特設された舞台、奉納はラジオ東京。ものまね歌謡大会のコーナーに続いて登場したのは、二十五歳の売れっ子歌手、コロムビアローズ氏である。歌うは「東京のバスガール」。

御遷宮を祝う渋谷駅前東横デパート。
11月3日から9日まで、ここで「神社の建築展」が開催された。明治神宮主催、朝日新聞社後援

奉祝歌謡大会で「東京のバスガール」を歌い終えたコロムビアローズ氏

若い希望も　恋もある
ビルの街から　山の手へ
紺の制服　身につけて
私は　東京のバスガール
「発車　オーライ」
明るく　明るく　走るのよ

「東京のバスガール」 作詞 丘灯至夫　作曲 上原げんと
日本音楽著作権協会（出）許諾第0809699-801号

昭和二十七年にデビューし、「男なら春日八郎、女ならコロムビアローズ」といわれるほど絶大な人気を誇った彼女の歌声は、戦後復興期の日本人を励まし続けたという。昭和三十三年に大ヒットし、この年に映画にもなった「東京のバスガール」に、参拝の人々はおおいに湧いたことだろう。バスガールが日本に登場したのは、大正九年。明治神宮御鎮座の年のことである。それから三十年余りが過ぎたこの年も、元気なバスガール達がお客を連れて明治神宮にやってきた。はとバス「都内昼夜コース」は当時六百円。コースは皇居↓泉岳寺↓明治神宮↓靖國神社↓デパート↓浅草五十番（夕食）↓国際劇場又は歌舞伎座↓白馬車（音楽喫茶）とある。

時は昭和三十三年。この年五月に「てんとう虫」で親しまれる国民車、スバル360がデビュー。十月には大型新人・長嶋茂雄氏が入団した巨人を破って、西鉄ライオンズが日本シリーズ三連覇の偉業を達成。「神様、仏様、稲尾様」とうたわれた奇跡の逆転劇に日本中が興奮した年でもある。明治神宮御遷座から間もない十一月二十七日には、皇太子明仁親王殿下（今上陛下）と正田美智子さま

第二鳥居前の特設舞台では、全国各地の芸能奉納や演芸大会など、毎日のように催事が行われた。
少女の歌声は、参道いっぱいの観覧者をこえ、御祭神のもとへも届いたに違いない

（皇后陛下）の御婚約が発表される。そして十二月二十三日、地上三百三十三メートル、世界一の高さを誇る東京タワーが完成。「明るく明るく」と上を向いて、復興から成長へと戦後日本を建て直してきた、その多くの国民に支えられ、そして祝福されて明治神宮復興がなったこの日のことを、永く記憶にとどめたい。

◇「いとも厳しく美はしく社殿成りて」

平成二十年十一月一日、明治神宮は八十八回目の鎮座記念日を迎える。最後に、五十年前のこの日本殿遷座祭奉幣の儀で奏上された祝詞を掲げてこの稿の締めくくりとしたい。御祭神を前にしての感謝、喜び、そして決意を、次に繫ぐ私達の心に刻むために。

掛《かけ》まくも畏《かしこ》き明治神宮の大前《おほまへ》に、宮司従二位《じゆにゐ》勲三等鷹司信輔《たかつかさのぶすけ》に代りて権宮司伊《だ》達《て》巽恐《たつみかしこ》み恐《かしこ》みも白《まを》さく。

大神等《おほかみたち》の天《あめ》の御蔭日《みかげひ》の御蔭と鎮坐《しづまりま》さむ瑞《みづ》の御殿《みあらか》をば、再び元《もと》の如く造仕奉《つくりつかへまつ》らむと、往《ゆき》し昭和二十八年七月明治神宮復興奉賛會を起してより、大神等の大御神《おほみ》徳《のり》を敬奉《ゐやまひまつ》り、仰奉《あふぎまつ》る人々國の内《うち》は更《さら》なり、外國《とつくに》に至るまで多數擧《あまたこぞ》りて許許多《ここだ》の造營資金を寄奉《よせまつ》りぬ、斯《か》くて昭和三十年四月より工事《たくみごと》を始めて、負《おふ》な負《おふ》な勤《いそ》しみ勵《はげ》み來《こ》し隨《まにま》に、今度《こたび》いとも嚴《いか》しく美《うる》はしく社殿成りて、昨日はしも大神等の大御靈《おほみたま》を、此の新宮《にひみや》に遷坐《うつしま》せ奉《まつ》りぬ。故《かれ》是を以《も》ちて、八十日日《やそかひ》はあれど思出《おもひで》深き第三十八回鎭座記念の日を佳日《よきひ》と撰《えら》びて、朝日の豐榮登《とよさかのぼり》に、言壽《ことほ》ぎ奉《まつ》る今日《けふ》の大御祭《おほみまつり》に、御勅使として掌典室町公藤を大前に差遣《さしつか》はされ、畏《かしこ》くも天皇《すめらみこと》の宇《う》豆《づ》の大幣帛《おほみてぐら》を始め、御食《みけ》御酒《みき》海川山野《うみかはやまぬ》の種々《くさぐさ》の饗物《みあへつもの》を捧奉《ささげまつ》り給ひ、亦大御心《おほみこころ》を慰奉《うらがしまつ》り給ふと、東游《あづまあそび》をも愛《めで》たく美《うる》はしく舞奏《まひかな》で奉《まつ》らしめ給ふ狀《さま》を御心《みこころ》も平穩《おだひ》に諾《うべな》ひ聞食《きこしめ》して、今ゆ往先《ゆくさき》、天皇《すめらみこと》の大御代《おほみよ》を足長《たなが》の大御代と、常磐《ときは》に堅磐《かきは》に齋奉《いはひまつ》り幸奉《さきはへまつ》り給ひ、親王等《みこたち》を始め奉《まつ》り天下《あめのした》四方《よも》の國民《くにたみ》の上《うへ》を、夜《よ》の守日《まもりひ》の守《まもり》に守恵《まもりめぐ》み幸給《さきはへたま》ひて、神隨高《かむながらたか》き尊《たふと》き大御神德《おほみのり》を彌高《いやたか》に仰奉《あふぎまつ》らしめ給ひ、各《おの》も各《おの》も心を協《あは》せ千萬《ちよろづ》の力を大綱《おほつな》の一《ひと》つに結びつゝ、負持《おひも》つ業《わざ》に勤《いそ》しみ勵《はげ》み、道《みち》の國大和可美《くにやまとうまし》浦安《うらやす》の豐《ゆた》けき國と國風《くにぶり》彌々直《いよよなほ》く正しく振興《ふりおこ》さしめ給ひ、四方《よも》の海皆兄弟《みなはらから》と愛《め》で給ふ大御心《おほみこころ》の隨《まにま》に萬國《よろづくに》は互《かたみ》に睦和《むつ》び補助《あなな》ひつゝ、相共《あひとも》に永く平《たひら》けく立榮《たちさか》えしめ給へと、恐《かしこ》み恐《かしこ》みも稱辭竟奉《たたへごとをへまつ》らくと白《まを》す。

エピローグ

慶びの日。夫婦の楠の前に立ち、微笑みいっぱいで写真に納まるのは式を挙げたばかりの一組の夫婦。どうぞ末永くお幸せに。そう願わずにはいられない。

社殿が被災する僅か半月前に明治神宮に奉職し、長く林苑技師を務めた内田方彬《まさよし》氏によれば、社殿前の三本の大楠は新社殿造営にあたって二メートルほど手前に移植になったそうだ。雨の日も参拝の人々が濡れずにすむようにと外拝殿を広げるためで

昭和33年の明治神宮境内

ある。これは昭和三十年頃の話。
写真は、三十三年の復興遷座祭で賑う境内。この当時、楠の木肌には焼け跡がまだはっきりと残っていたという。
復興後の社殿には、やがて世界各国のスポーツ選手達が参拝に訪れる。昭和三十九年、東京オリンピックで選手村になったのは現在の代々木公園、明治神宮の隣であった。そして……。
楠の木が語る歴史物語は尽きないが、この続きはまたあらためて。

2

復興を支えた心意気

代々木の杜再生秘話

2-1

明治神宮靖國神社献饌講

戦中・戦後の困難のなか
茨城から神饌米の奉納を続ける

戦火に届けられる神饌米

内地空襲が熾烈となった大戦の最中から欠かすことなく、戦後六十余年を経た今日まで、明治神宮、そして靖國神社へ神饌米《しんせんまい》奉納を続ける敬神の一団がある。それが「明治神宮靖國神社献饌講」である。戦後の物資の欠乏の時代、日々の日供米にも事欠く状況で

戦前の明治神宮靖國神社献饌講神饌田

あった神宮を支えたのは、茨城から届けられる篤農家達の赤誠と、その手塩にかけた献穀だった。

献饌講は昭和十六年、「茨城県献饌会」として発足した。明治天皇の御神徳と護国の英霊に報謝の誠を捧げたい。初代講元・黒澤忠次氏（現・ひたちなか市阿字ヶ浦）と、地元那珂郡の前渡、部田野、中根、柳沢の各村の篤農家の思いが、七十五名の同志を得た。十七年十二月三十一日、翌十八年の新年祭の用として、靖國神社に鏡餅、野菜、鮮魚などの神饌を奉納するところから献饌会の活動がスタートした。

明治神宮への最初の献納は、当時の宮内省との話し合いの上、同十八年三月一日の月次祭《つきなみさい》に行われた。神宮の社務日誌は、その前日である二月二十八日の頁に以下のように記す。「曩《さき》ニ願出アリタル茨城縣那珂郡前渡村前濱、黒澤忠次ハ弟、娘他二名ト共ニ第一回ノ献饌トシテ鏡餅二升取二重、鯛二尾、

戦前、黒澤忠次氏宅で搗きあげた奉納の鏡餅。
前列左から２人目が黒澤氏

野菜一盛ヲ持参午後二時来社シ奉納ノ手続ヲナス」。

以来終戦の年まで、一日の月次祭と八日の大詔奉戴日《たいしょうほうたいび》には、代表が上京、白木の唐櫃《からひつ》に収めた神饌が神宮に欠かさず供えられた。戦局も最終の段階に入ると、空襲も激しくなり、上京の途中で襲撃を受けることもあった。その度に唐櫃を守って汽車の下に潜り込んだのだという。それはまさに身を挺して続けられた献饌であった。

戦後、献饌会から献饌講に

終戦直後の心境を詠んだ黒澤氏の歌がある。「神にます宮の行く末いかならむ先を思へば涙こぼるる」。明治神宮社務日誌は、昭和二十年八月三十一日にも翌日の祭典のために、変わらぬ献饌があったことを記している。食糧事情が益々悪化し、祭典のみならず、

昭和30年9月11日のお木曳《きひき》に奉仕の様子。
「明治神宮靖國神社献饌講」の看板が見える。この一団に、2代目講元黒澤一氏も参加

毎日の日供米《にっくまい》にも窮していた両社の状況を見て取った氏は、すぐに行動をおこした。一年三百六十五日分の日供米を確保するため、一人一年三升を献穀する者三十一人を一組とする十二組の組織を地元に作り上げたのだ。ここに献饌会の組織は「講」として再出発する。二十一年一月のことである。献納は農閑期に入る十月から四月初旬に、はじめは汽車で、後にはバスで講員が団体参拝をして行われた。当時はバスも木炭車のため、往復三日がかりの上京だったという。また、食糧統制時代に米の移動が困難で、その都度県知事から神饌米輸送証明を受けての輸送だった。

復興造営の諸祭に奉仕

五十六年六月に、黒澤忠次氏のあとを継いで、二代目講元に就任した長男・一《はじめ》氏は昭和六年生まれ。中学二年

で終戦を迎えた。終戦後すぐに神饌奉納に参加したことを覚えている。「まだ代々木の駅から北門まで焼け野原のなか、お供え餅を運びましたよ。とても重くてね、休み休み行きました」。その一氏が印象深く思い出すのは、昭和三十年九月十一日に挙行されたお木《き》曳《ひき》に、講員百四十五名と共に奉仕したことだ。この日、御造営用材約三千石が、新宿駅から宝物殿横貯木場まで、沿道の観客に見守られる中、納入された。「お木曳の一番先頭で大きい木を曳いてね、それを吉葉山達力士に引き継いだんだ」。お木曳ばかりではない。上棟祭には撒餅を、遷座祭には紅白餅を。復興造営の諸祭儀には、常に献饌講の支えがあった。

今に繋がる祖国への思い

昨年も、献饌講からは、明治神宮・靖國神社の両社併せて八トンもの献饌米奉納があった。さらに大祭には餅搗《もちつき》奉仕の講員が上京し、一夜参籠して、鏡餅を調整する。両社に対する献饌講の支えは、まさに現在進行形だ。

現在、講員は千六百余名。講元をはじめ多くが二代目、三代目を継承している。「敗戦により国民の中には神も仏もあるものかというような考え方が広がりつつあるが、この混迷の中にこそ祖国再建の基礎は神の道にある。両神社の御神徳を護り立てることこそ、とりも直さず祖国再建の第一歩となるものだ」。敗戦直後、かくの如き決意で自ら初代講元を引き受けたという黒澤忠次氏。氏のもとに団結し、自分達は芋を食べながらも、神饌米を奉納し続けた献饌講の存在なくしては、明治神宮戦後復興の軌跡を語ることはできないであろう。

お木曳に奉仕した講員145名。
仮殿の前で

2-2

株式会社間組

進駐軍の圧力にも屈せず、神宮復興に心血を注いだ社長・神部満之助の信念

再建の第一歩は神宮から

個々の微粒なる力を結集して日本再建に努力せん――団結力を現す、その「微結」精神を社是として、神宮再建に社の陣頭指揮を執って献身したのは、間《はざま》組三代目社長・神部満之助《かんべまんのすけ》氏であった。就任は終戦間際の二十年四月。直後に空襲で本店社屋を焼失する。皇居が新しくなるまでは、とバラックで業務を続けた。五十二歳の新社長と間組の戦後とは、文字通り「再建の第一歩は明治神宮から」だった。

神宮社殿は、昭和二十年四月十四日の空襲で灰燼《かいじん》に帰した。当時、神祇院では再建に六万四千八百円の国費を計上するに過ぎず、到底工事に着手不可能な状況だった。この事態に、予算は顧みず「兎《と》に角《かく》やるのだ」と、請負を申し出たのが神部氏である。八月六日には氏以下十六名が明治神宮に参拝し、造営奉仕について権宮司と打合せている。これが、終戦直後の九月十一日に起工し、翌年五月に完成した神宮仮社殿だ。

『間組百年史』には、戦争末期に山津波で流される木曾御料林を応急工事で救った際、お礼にもらった檜材《ひのき》で、この時不足分の御用材に充《あ》てたことが記されている。間組にとって再建の第一歩が明治神宮だったように、明治神宮復興の第一歩もまた、神部氏らの赤誠無くしては困難だった。

昭和29年8月3日、紺綬褒章を受章して、明治神宮仮殿に参拝した神部満之助氏。
元日はもとより、1日・15日の月次祭も明治神宮に詣でる敬神家だった

杭打工事。
当時は木で櫓《やぐら》を組み、
上から錘《おもり》で打ち込んだ

戦に負けても魂は負けぬ

その報国精神で知られる氏は一方、戦後いち早く進駐軍基地工事を多数手がけ、業界をあっといわせた大胆不敵の人でもある。「奇想天外」。昭和二十九年の入社以来神部氏の引退まで、十五年間秘書を務めた有馬幸雄氏（76）は、氏についてそう表現する。進駐軍から商売を獲ってくるのも、戦争に負けても魂は負けてないぞという気概があったればこそ、と有馬氏は言う。

事実、基地の工事現場に日の丸を揚げ、また進駐軍を招き紀元節祝宴を催す等、神部氏の逸話は多い。「入社試験に行ったら、社屋はバラック。庭の真ん中の煙突に日の丸が立っていた」。

仮殿造営工事にも、氏に対し進駐軍から圧力があった。それを国民信仰に基づく民間工事だと納得させ、さらには材木運搬のトラックを、進駐軍の

コンクリート工事。揃いの白い半纏には「間組」の字が見える

ジープで先導させたというから、まさに奇想天外だ。仮殿完成後、明治神宮が贈った感謝状には、「或ハ資材ノ収集ニ或ハ工事ノ実施ニアラユル障害ヲ克服シ全ク利害得失ヲ論ゼズ工費ノ大部分ヲモ負担」した間組への謝意が綴られている。

個々の微力を結集せよ

昭和三十年、造営委員会が組織されて本格化した社殿再建工事は、主に臨時造営部による直営だったが、神部社長以下の献身的な奉仕は続いた。造営基礎工事・上屋足代《うわやあしば》架設工事等は、間組の担当となった。また、社殿付属施設である社務所・参集殿・斎館等はすべて、同社の施工である。工事に先立ち、氏が明治神宮に宛てた「明治神宮御復興工事特命御願」からは、並々ならぬ当時の強い気魄《きはく》が読み取れる。

「上下一体微結精神に徹し『魂の籠っ

た』仕事を致し以て国民崇敬の殿堂たらしめ御神慮を慰め奉り度き念願でございます」。
宮崎守氏（79）は、間組最若手の二十六歳で造営基礎工事に携わった。作業中に着用した組特製の白い半纏を今も大切にとってある。「工事の最中も、お参りの方がありますから。失礼のないようにという社長の考えでしょう。夏の盛りは暑くてね、大変だったですよ」。
毎朝、作業の無事を祈ってお祓《はら》いをする。明治神宮の工事で事故を出してはならぬと、現場で一番神経を使ったのが、安全面だったという。宮崎氏を含む、全国の社員約二千名には、正月に毎年、社長自作の俳句が添えられた明治神宮のお守りが届けられた。神部氏自ら、元日の朝早くに神宮で祈願し、求めたものだ。
明治神宮再建から戦後を出発し、その後、間組は黒部ダムや名古屋城再建等、日本の新時代を拓く大工事を手がけていく。個々の微力を結集して祖国再建のために努力すべし。微粒結集の精神は、今を生きる我々にこそ求められているのではないだろうか。

祭典参列で明治神宮を訪れた神部社長と現場作業員。後列中央で胸にリボンをつけているのが社長。
前列左から４番目が宮崎守氏

2-3

大九報光会

大正の創建と昭和の再建。父子二代で明治神宮造営に奉仕

「明治神宮御造営奉仕記念会」

群馬県太田市。勤皇の武将・義貞で知られる新田氏が切り拓いた、かつての上野国新田郡である。その尊皇思想で、幕末の志士達に大きな影響を与え、明治維新を導いた高山彦九郎もまた、

高山神社で昭和36年4月12日に挙行された明治神宮御造営奉仕記念之碑建設除幕式。
明治神宮伊達巽権宮司が参列し、甘露寺受長宮司の祝辞を代読した（『明治神宮御造営奉仕記念写真帖』より）

この地で生まれた。その彦九郎を祀る高山神社の境内に、「明治神宮御造営奉仕記念之碑」があるのを御存じだろうか。昭和三十五年十一月二日に建立されたこの石碑の碑文は、次のように結ばれている。父子二代奉仕の光栄を永遠に伝えんとす――。これは、大正九年の明治神宮創建と戦後の再建、二度の造営工事に世代を継いで奉仕した、勤皇の青年達の物語である。

太田市で生まれ育った星野太朗氏も、そんな物語の主人公の一人だ。「生まれてはじめて明治神宮にお参りしたのが、昭和十二年。東武鉄道に乗って一人で行きましたよ」。それ以来、参拝の回数は数え切れない。現在も、毎年十一月一日の鎮座記念祭をはじめ、お祭りごとの参列を欠かさない。「神職さん方よりも、明治神宮のことは詳しいかもしれないよ」と元気に笑う。

太朗氏の父親、星野仲三郎氏は、鎮座当時に全国から馳せ参じて勤労奉仕した青年団員延べ約十万余名のうちの一人だった。新田郡各町村から特に選ばれた連合青年団員六十名とともに、大正九年二月六日から十五日まで、神域の砂利運びなどの作業を担当したのだという。さらに新田郡の青年達は、その奉仕の心を次代に語り継ごうと、翌十年二月十一日に「明治神宮御造営奉仕記念会」を創立。以来、戦後に至るまで、紀元節のたびごとに造営当時の思い出を語り合ってきた。幼い頃からこの会に参加していた太朗氏は、初代奉仕団の話を聞くのが大好きだった。

耐久を誓った「大九」の青年達

その星野氏が今でも忘れられないのは、九州から復員して間もなくの昭和二十年九月末のことだという。何よりもまず皇室の御安泰をと上京し、二重

群馬県新田郡連合青年団。大正９年２月６日から15日まで明治神宮造営に奉仕。
写真は土砂運搬の作業中（前掲書より）

橋前に額《ぬか》づき、次いで訪ねた明治神宮の哀れな姿に、「ただただ泣けてきた」。参拝者の影もまばらななかで、若い同氏の姿は目を引いたのだろうか。当時の鷹司信輔《たかつかさのぶすけ》宮司が姿を見せ、星野氏に神職の白衣を着せて、ともに焼け跡の仮祭場で手を合わせたのだという。「神も仏もないと世間で言われているときに、貴方は若いのに良くぞお参りくださった。御祭神もさぞかしお喜びのことと思います」。宮司の言葉に、「是非、一日も早く御社殿の復興を」と何度も繰り返していた。

明治神宮、そして祖国再建への思いは、大正九年に奉仕した当時の青年達も同じだった。昭和二十五年十一月、明治神宮鎮座三十年を記念して、彼らの代表が日本青年館に集まった。この日本青年館こそ、神宮造営を機に集った若者達が、一人一円を出し合って大正十年に建設した、いわば全国青年団の拠点である。ここに造営奉仕青年団

昭和32年2月23、24日にかけて復興造営に奉仕。
大正9年に造営奉仕した群馬県新田郡連合青年団員の息子達が顔を連ねる（前掲書より）

が再び結集した「大九報光会」が誕生した。その決議文にいう、「大正九年の大九をとり、明治大帝の御神徳の光に導かれた光をとり、御神徳に報ゆる報をとって大九報光会と名付ける。大九は光明と希望に生きる耐久生活の意味に通ずる」。この年から、年に一度の鎮座記念日に、かつての青年達が集うようになった。歯をくいしばりながらの日々の生活に見出した、復興への希望を語り合ったのだろうか。

そして、平成の奉仕者達へ

昭和三十二年二月二十三日、今度は星野太朗氏らが、四十名の地元の仲間とともに復興造営工事が進む明治神宮を訪れることになる。仲間の多くは星野氏のように、父親が創建時の奉仕経験者であった。当時の『東京新聞』は、「太田市などから奉仕団／再建を急ぐ明治神宮へ四十人」という見出しで、この全国でも稀有な父子二代にわたる偉業を伝えている。二日間にわたる作業を終えた二十四日午後、太田市青年一行は、宝物殿、外苑絵画館及び記念館を見学。ちなみにこのときの案内役は、『社務日誌』によれば、当時二十四歳の「外山勝志出仕」。のちの明治神宮第十代宮司であった。どれほど多くの方々の人生の紡ぎあいのなかで、明治神宮八十八年の歴史が編み出されてきたのかと思わずにはいられない。

星野氏には現在二つの肩書きがある。一つは、太田市の「明治神宮御造営奉仕記念会」会長。もう一つは、「大九報光

平成２年11月１日の鎮座祭に参列する大九報光会の会員及び会員親族。前列左から６番目が星野太朗氏。
前列左から2、３番目の親子は、星野氏の息子と孫にあたる

会」第五代会長である。

「大九」当時のことを知る人は、もういない。復興造営の体験者も星野氏のほかに数少ない。それでも希望はある。息子の睦彰氏、さらにその息子である克弥《かつみ》氏、太朗氏にとっては孫の代が、奉仕記念会や大九報光会の集いに揃って参加してくれることだ。「若い世代になんとか明治神宮のことを知ってもらいたい。生きてきた年齢の何万分の一でも、恩返しをしなくちゃと思うからね」。

平成二十年。もうすぐ八十八回目の鎮座記念日がやってくる。

2-4

健児奉仕隊

百回を超す至誠の勤労。森清人先生と三千余名の青年達

或る歴史学者の救国運動

健児と書いて「コンデイ」と読む。「心身ともに健やかな若者」の義という。敗戦後の困難のなか、その健児らが、神明奉仕によって祖国再建の原動力となろうと立ち上がった。それが「健児奉仕隊」である。彼らが昭和二十九年四月から開始した、明治神宮

昭和27年9月11日、健児奉仕隊百隊記念会での隊長・森清人氏（左から3番目）。
森氏の右隣は、明治神宮復興造営で造営部長を務めた角南隆氏（『健兒奉仕隊寫眞帖』より）

復興工事への奉仕運動には、全国から延べ三千二百六十六人の隊員が参加した。実に百回を超えた造営奉仕作業にはいつも、健児達に「先生」と慕われる森清人隊長の姿があった。「明治神宮への奉仕を通じて」、「明治精神を練磨修得し、以て祖国再建の挺身隊たらん」。健児奉仕隊には、生みの親である森氏の興国への思いがこめられていた。

　民間の歴史学者であった森清人氏は、戦前の詔勅《しょうちょく》研究の第一人者といわれる。大正十四年に「詔勅研究所」を設立以来、歴代天皇のお言葉や宣言の研究に没頭してきた。十七年の歳月をかけ、二千余りの詔勅からなる『みことのり集』を独力で編纂。いよいよ刊行間近というところまでこぎつけた同氏を悲劇が襲う。昭和二十年三月十日の空襲で原稿の一切を焼失してしまったのだ。

　国民の誰もがそうであったように、失意のなかにあった森氏が必要とした

健児奉仕隊第270隊、
愛知県安城市福釜青年隊の
31名。
昭和30年5月19日に
遊覧バス駐車場の拡張工事に
奉仕した（前掲書より）

のは、「人々の心に希望のともしびを点じる点心運動」だった。「祖国日本は、いまやかかる運動の誕生と発展を求めてやまぬ」。その運動の支柱となったのが、同氏が唱えた「拝と奉仕」の精神である。「拝とは、まごころを捧げること。己を空しうして相手に捧げる心、それが拝の心であり、その実践が奉仕である」。森氏にとっては、この「拝と奉仕」の精神こそが明治精神であり、明治精神にこそ「我が国建国の理想」が集約されているのである。だからこそ、神明奉仕を通じて今一度、明治精神を奮い立たせることこそ、救国の道であると信じたのだ。

「拝と奉仕」の精神で

健児奉仕隊の活動は、昭和二十六年九月、式年遷宮を間近に控えた伊勢の神宮での造営奉仕からはじまった。「拝と奉仕」の点心運動に共感した青

健児奉仕隊第257隊、愛知県西尾市平塚青年隊14名。
写真は、高澤信一郎禰宜の御苑についての説明をきく隊員達（前掲書より）

年達が、全国各々の地元で小隊を組織し、日替わりのようにして伊勢を目指したのだという。

二十九年四月七日午前八時。伊勢の神宮に引き続き、明治神宮への最初の隊がやってきた。それは、愛知県西尾市の健児十四名だった。隊長の森清人氏以下参拝の後、外院廻廊の清掃奉仕。終了後は神職の案内で御苑を拝観したことが『社務日誌』に記されている。以来、ある日は福島県の古典朗誦会が、ある日は足立区八千代町母の会が、健児奉仕隊の名の下に集まって、神域での奉仕作業にあたった。それは、三十三年に遷座祭を迎えた後も、境内整備作業として三十四年三月十九日まで続けられたのである。

興国の灯をともして

やがて地方から訪れる隊員のために、造営部作業員用の宿舎の一部が、「明治神宮寮」として開放された。活動を終え退寮する際に、仲間同士で歌った歌が今も残っている。「神代々木ララ ラ神代々木　ラララこの聖地／朝日かがやく代々木の森／あの森も　あの道も　この宮も／とはにたたへむ　明治の宮」。岐阜県恵那郡から参加した健児の作詞によるという「健児奉仕隊別れの歌」だ。

「先生と朝な夕なに寝食を共にしながら御指導を頂けましたことは、聊《いささ》か現在の世相に失望しかけていた私を、はっきり日本人として蘇生させました。先生ありがとうございました。私は立派な日本健児として生きぬくことを誓います」。岐阜県八百津町の健児隊員は、そう感想をしたためている。森氏が願ったように、造営奉仕の運動は、祖国の前途を担う青年達の心に、確かに希望の灯をともしたのではないだろうか。皇太子明仁親王殿下（今上陛下）の御成婚を記念して、三十四年四月に健児奉仕隊大会を開催する頃には、全国三百六十五隊、隊員の数は二万名を数えたという。

興国の希望の灯を見届けたからであろうか。昭和三十六年十二月六日、全国二万人からなる奉仕隊の隊長は静かに息を引き取った。そこは、健児達と文字通り寝食を共にした「明治神宮寮」であった。

2-5

明治神宮農林水産物奉献会

野菜に託した祖国の未来。都心の篤農家達が新嘗祭の危機を救った

日本一の宝船

現在では「勤労感謝の日」としてもっぱら定着しつつある十一月二十三日の祭日だが、宮中および全国各地の神社では「新嘗祭《にいなめさい》」と称し、新穀の収穫に感謝して、御祭神にお供えをする祭儀を執り行う。この日、明治神宮の廻廊に何艘《そう》も並べられる野菜の宝船は壮観だ。毎年これを見るためにわざわざ足を運ぶ参拝者がいるというほど、創意工夫にあふれている。これほど見事な宝船が見られる場所は、明治神宮のほかにないといってよい。この宝船をはじめさまざまな農産物を毎年奉献しているのが、「明治神宮農林水産物奉献会」(以下、「奉献会」)だ。都内・近県の農業関係者で構成される同会は、現在、七十の支部、約六百名の会員を抱える。彼らこそ、終戦後に存続が危うくなった明治神宮新穀感謝の伝統を守りぬいた篤農家集団なのである。

国民の糧を足らすべし

「奉献会」の前身となるその篤農家

戦後の食糧難を救うため、世田谷の自宅で栽培技術の研究にとりくんだ大平信彌氏。
「明治神宮農林水産物奉献会」の前身となる「足食会」を立ち上げた

の団体は、終戦後まもない昭和二十年十月に誕生した。「戦争直後の食糧難に、何とかして一握りの食糧でも多く生産して同胞を餓死から救い、国家の再建を計らねば」。当時四十二歳の農家、大平信彌氏は決意し、食糧増産のために栽培技術の研究会を有志とともに立ち上げたのだ。世田谷の自宅で始めた研究会には、すぐに座敷に入りきれないほどの同志が集まるようになったという。

農業で国を立て直したい。この農民有志の団体に「足食会《そくしかい》」と命名したのは、実は、元総理大臣の廣田弘毅氏であった。昭和二十一年一月三日、知人の紹介で廣田氏を練馬に訪ね、思いのたけを打ち明けた大平氏に、その場で「足食会」と墨書して渡して下さったのだという。意味が分からず唖然とした大平氏に、『論語』の出典を示し、「足で食うとは働いて食う、即ち増産の会、返り読みすれば食を足らす会」

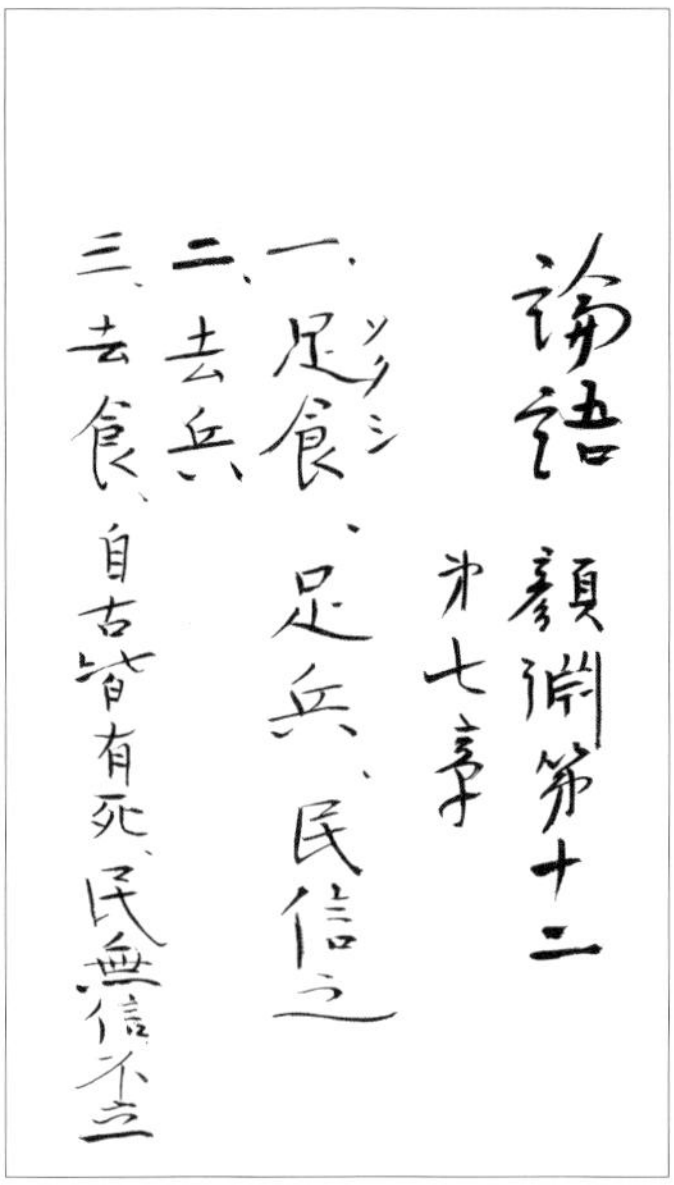

廣田弘毅氏が奥様に筆と紙を用意させ、大平氏に託した「足食会」の文字とその由来

と説明したあとで、廣田氏は真剣な顔で言った。「今、日本の現状はどうか、長い長い戦いに敗れ、すっかり兵隊を捨てた今日、食糧を足らす以外に民を救うことはできない。国家の再建は食糧の充足以外に方法はないのだ」「糧を足らす会、足食会として頑張ってもらいたい。しっかり頼む」。大平氏が練馬を後にした僅か十二日後、廣田氏が向かった先は巣鴨拘置所であった。A級戦争犯罪人として文官でただ一人、連合国軍に死刑を宣告された廣田弘毅元内閣総理大臣は、昭和二十三年十二月二十三日、一切の弁解を口にすることなく従容《しょうよう》とこの世を去った。

「国家の再建は農民の力にたよる以外に道はない」。足食会に託したその遺志をしっかりと受け止めた大平氏のもとに、明治神宮新穀感謝祭存続の危機の知らせが届く。昭和二十二年十一月。新嘗祭の期日までもう日がなかった。

畑の野菜を持ち寄って

明治神宮が、全国の新穀感謝祭の中心的役割を果たすのは、戦前からのことである。昭和十年以来、毎年新嘗祭には、全国から農林水産物が奉献され、食物への感謝と農業の振興のための国民的祭典の場となってきた。その状況が敗戦で一変する。「神道指令」に端を発する連合軍の過酷な神社政策により、市町村及び公共団体からの野菜奉納が途絶えてしまったのだ。知らせを受け状況を知った大平氏は、すぐに足

足食会川崎市平支部の宝船。
昭和33年、遷座祭の年の
新穀感謝祭にて

食会の同志に呼びかけた。「皆さんのお気持ちで、畑にある野菜を明治神宮に献納しましょう」。明治神宮の祭典に、農家が直接農産物を持ち寄って参加するようになったのは、実にこのときからである。

明治神宮は、足食会にとっても活動の拠り所ともなった。二十三年の感謝祭から、外院廻廊を使った全国農林産物品評会の開催が始まり、研究を兼ねて全国各地から多くの農業者が式典に訪れるようになる。二十九年から宝船の奉納が始まったのも、この流れの延長である。

大平信彌足食会会長の死去をうけ、昭和四十六年七月、足食会を発展的に継承しながら発会したのが「明治神宮農林水産物奉献会」である。会則に拠れば、当会は、「明治天皇・昭憲皇太后両御祭神の農林水漁業にお寄せになられた御聖徳を崇敬追慕し、以て斯界の発展に寄与すべく関連技術及び情報

平成９年の新嘗祭で南神門をかざった宝船と加藤源蔵氏

の交換と会員相互の親睦をはかることを目的とする」。

四十七年当時から会長を務める加藤源蔵氏（82）は、自身も大平氏の薫陶をうけた足食会の同志である。「昭和二十七年頃、私は練馬青年農業振興会の会長をしていたんですが、元旦に明治神宮で篤農家の集まりがあるからと聞いて出席したら、それが大平さんの足食会だったんです」。食糧不足で明治神宮に奉納される農産物が少ないという話を聞き、野菜の奉献を始めたのだという。「明治神宮には戦後、若い農村青年の精神的支柱としていちばん大事なことを担っていただいた。今でもそれが脈々と流れているんです」。

農業で国を建て直す――。「奉献会」にとって十一月二十三日とは、足食会から続くその精神を、明治神宮の大前で心新たに誓いあう、そんな特別な一日なのかもしれない。

2-6

加勢造園株式会社

「焼けた並木を復活させよう」未来を信じて欅を植え、表参道を甦らせた造園の先達

焼け残った欅は僅か十三本

「この欅並木はね、おじいちゃんが植えたんだよ」。JR原宿駅の竹下口近くで造園会社「加勢造園」を営む加勢充晴氏（58）は、先代社長で父親の俊雄氏が、充晴氏の子供達に、うれしそうに話していたのを覚えている。俊雄氏は、三人の孫がよ

昭和27年2月頃の表参道。植樹して間もない欅の細さに驚かされる（松田一敏氏提供）

ちよち歩きができるようになった頃から毎日、表参道から明治神宮へと散歩するのが何よりの楽しみだったのだという。

昭和二十年五月二十五日の空襲で、表参道は火の海と化した。沿道の欅並木も僅か十三本を残して、全て燃え尽きた。現在の表参道を彩るのは、四年前、九十歳で亡くなった加勢俊雄氏とその叔父・春日時太郎氏が、戦後に私費を投じて植えた欅達なのだ。

大正二年に上野の蕎麦屋の息子に生まれた俊雄氏は、千葉高等園芸専門学校を卒業し、原宿で「春日造園」を営んでいた叔父の下で働き始めた。実は、春日造園と明治神宮の関係は、大正時代の創建時まで遡る。代々木ノ原に、全国からの献木約十万本を植樹するという大規模な造営工事に、造園の専門業者として関わったのが、他ならぬ春日時太

大正6年6月、明治神宮造営に奉仕する春日時太郎氏。
写真は白銀火薬庫跡から代々木へ、椎の木を運搬中の様子。「請負人春日時太郎」の文字が見える

郎氏だった。明治神宮の「表参道」が築造されたのも、大正九年の鎮座祭に合わせてのことである。しかし、この時、街路樹はまだなかった。当初幅員三間だった歩道を四間に拡張し、さらに二百一本の欅からなる植樹帯を備えた、日本屈指の並木道が誕生したのは、翌年の改修工事を経てのことだ。当時の新聞『萬朝報《よろずちょうほう》』は、大正十年十二月一日付で、「漸《ようや》く」五間置きに大欅の植付けが始まったことを報じている。

叔父と甥が力を合わせて

その欅並木の無残な姿を、終戦で春日造園に復員した俊雄氏は目の当たりにした。時に、三十二歳。とても造園どころではない時代である。米軍の飛行場やワシントンハイツの芝張り等の造園工事ができるようになったのが、昭和二十二、三年の頃だった。そんな

孫の手を引いて明治神宮を歩く加勢俊雄氏。
昭和53年10月

ある日、俊雄氏が時太郎氏に言ったのだという。「我々は、先祖代々造園で飯を食わしてもらっているんだ。オジキも、明治神宮には若い時からお世話になっているのだから、ここ一番、焼けた欅並木を、我々で寄付して復活させようじゃないか」。

「それはいい考えだ」と膝を打って賛成した時太郎氏は、すぐに役所に出向き、段取りに掛かった。百五十本以上もの欅が必要である。幹周りが一尺以上のもので揃えてほしいという役所の希望に応えるため、若木を探して奔走した。北多摩の豊田の植え込み地で買い付けた欅を、昭和二十四年、春を待って植えた。翌年、枯れた分を役所の苗園から移植、完了するまでに二年を費やしたという。二十四年七月の『渋谷区ニュース』は、「復興の意気にもえ、本年四月から、欅の寄贈古株の除去、植え込みまで」一切を買って出た美挙を讃えている。

百年後も美しい欅並木をめざして

父親の志を継いで造園業を営む充晴氏は、現在も欅並木の維持管理に腐心の日々だ。二代目の欅は、植えるまでの年数を勘案すると、樹齢約八十年を数える。大正十年当初の初代となると、百歳を越えることになる。日常の手入れが「虫の目」の視点の作業だとすると、もう一つ「鳥の目」が必要だと充晴氏は言う。「広い視野で将来を俯瞰した時、次の百年後、私達の孫やひ孫に、どうしたら立派な欅並木を見せてあげられるか。十本ずつ植え替えるとしても、十五年以上かかる長大な計画が必要になります。でも、今生きている私達が力を合わせなければ。今度は、私達の番なんですから」。充晴氏がそう決意するのは、父親が繰り返し語ったという言葉がいつも心にあるからではないだろうか。

「いつか世のため、地域のためになることをしろよ。表参道の欅みたいに、こんなちっちゃい木を植えといて、後は誰にも言わずに大きくなるまで黙ってるんだ。やがて子供が育って、孫が生まれて、歩けるようになったら、初めて言うんだよ。『この木はね、おじいちゃんが植えたんだよ』って」。

3

渋谷オーラルヒストリー

口伝えの戦後史

表参道座談会

3-1 鎮座地渋谷 これまでもこれからも

家城定子（『原宿の思い出』著者）
×
佐藤銀重（原宿穏田商店会会長）
×
松井誠一（原宿表参道欅会理事長）

大正九年、明治神宮の創建にあわせて誕生した表参道。
この地で育った住人が語る、鎮座地渋谷の過去・現在・未来。

昭和33年秋、明治神宮遷座祭を迎えた表参道。
現在のコロンバン付近から原宿クエストの方向を撮影したもの

プロフィール

家城定子

いえきさだこ　昭和八年一月生まれ。生家は旧原宿三丁目（現神宮前二丁目）空樽問屋「吉川商店」。千駄谷小学校卒業後、大宮に疎開し終戦。昭和三十四年に結婚後も、原宿には親しんできた。夫の転勤で四十四年から平成八年まで福島へ。現在は西東京市在住。平成十四年、故郷原宿でのエピソードを綴った『原宿の思い出』を出版。

佐藤銀重

さとうぎんしげ　昭和八年二月生まれ。原宿穏田生まれの穏田育ち。昭和十四年に神宮前小学校に入学、二十年卒業。中学一年の五月に原宿で空襲にあう。現在、渋谷区商店会連合会副会長、原宿神宮前まちづくり協議会代表幹事、原宿穏田商店会会長。渋谷の記憶を次世代に伝えようと精力的に活動している。

松井誠一

まついせいいち　昭和二十六年九月青森県生まれ。㈱松井ビル社長。昭和三十八年、現在本社がある神宮前交差点の角に父親の信吉氏が焼肉店「八角亭」を開業。平成十八年、第四代原宿表参道欅会理事長に就任。多忙な日々をおくる。明治神宮復興五十年では、欅会が中心となり「明治神宮御社殿復興五十年記念奉祝事業実行委員会」を発足。同会実行委員長を務める。

明治神宮の思い出

「千駄谷小学校の校歌はこうでしたよ。常盤《ときわ》の木立　玉の砂／明治の神の　神宮《かみみや》の」（家城）

松井　私は戦後生まれで、原宿に来たのも戦後ですから、お二人よりだいぶ年が離れるんですが（笑）。

家城　私は昭和八年生まれです。

佐藤　八年？　何月ですか。私も八年生まれ。

家城　一月二十三日。

佐藤　私は二月十一日です。

松井　じゃあ同級ですね。

佐藤　家城さんが千駄谷小学校でしょ。私は神宮前小学校。だから同じ歳でも当時は全然知らなかったはずだよね。昭和十四年に小学校に入って二十年に卒業したんですよ。神宮前小では、一日と十五日に明治神宮と東郷神社に分かれまして、武運長久のお参りをした。

家城　うちの方もそうでしたね。私達の頃の千駄谷小学校の校歌は御存じですか。今も一番は明治神宮のことを詠っていますが、私達の時はこうですよ。

常盤《ときわ》の木立　玉の砂
明治の神の　神宮《かみみや》の
邉間《ほとり》近く　朝毎に
心清しく　通うぞ
うれしき　わが学校《まなびや》

一番だけは、私の頭に入っていて今でも歌えます。

佐藤　神宮前小はね、「明治のみかどとこしえに／鎮まりませる大宮《おおみや》の」とくるんです。

家城　それから、明治天皇と昭憲皇太后の和歌、あの御製と御歌を毎朝詠じるんですよ。お教室で三回。今思えばとてもよいことだったと思いますね。

明治神宮は遊び場でしたね。年の暮れになると、母は、おせち料理を作るのに忙しくて、「明治神宮に行って遊んでいらっしゃい」と私の五人の兄弟に言ったものでした。兄達は、日が暮れるまで広い明治神宮の中を走り回っていたようです。当時の原宿の子供達にとって明治神宮は絶好の遊び場だったんですね。

佐藤　子供の頃はね、明治神宮も結構荒らしたもんですよ(笑)。例えば釣りね、池に鯉がいっぱいいて。そしたら守衛が来てね。「こらーっ」って。でも我々捕ま

家城定子氏の生家、空樽問屋「吉川商店」。
原宿3丁目の明治通り沿いにあった。左後方に見えるのが、作曲家の團伊玖磨邸。
昭和10年撮影

んないんですよ。こっちのほうが足が早いから。そんなことの繰り返しでしたね。

家城　原宿駅に竹下口があるでしょう。あの辺りにトンネルがありまして、そこから兄が明治神宮に入りまして怒られていましたね（笑）。

佐藤　やりましたねえ。明治神宮に清正の井《いど》がありますね。あの南池の湧き水が原宿駅の下をくぐって、ラフォーレの脇のほうに抜けてるんですよ、穏田川って。我々はね、その川をさかのぼってったんですよ。そうすると神宮のなかの神橋のあたりに出てくるんだ。

家城　女の子は知らない世界ですね。男の子達の、ひとつの冒険ですね（笑）。

佐藤　今はもう入れないようになっちゃったけど。穏田川も昭和三十九年のオリンピックにあわせて、蓋《ふた》しちゃったからね。

戦時下の原宿

「穏田の家からずーっと明治通りを渋谷に向かって長泉寺の前まで逃げたんです」（佐藤）

佐藤　まさに我々の小学校時代というの

は戦時中ですからね。

家城　それで、静岡に学童集団疎開。

佐藤　あれ、私も集団疎開は静岡でした。あれはね、ちょうど昭和十六年に戦争が始まった頃は調子よくて、勝ち戦ばっかりだったでしょう。ところが十八年頃から負け出して。

家城　確か、一番最初の頃に東郷神社、それからうちの近くに爆弾が落ちたんですよ。

佐藤　十九年頃だな。それが最初の空襲でびっくりしたんですよ。それまで上空を敵機が覆うってことはなかったから。それで十九年には戦時体制に入ってましたから、子供は疎開させたんですね。田舎がある人は縁故疎開、我々は江戸っ子だから田舎がないわけよ。それで学校ぐるみで疎開したんですね。

でね、二十年に入ってから戻ってきたの、中学に入るっちゅうことで。我々の時は旧制だったので、中学入るのに試験が要るんです。一月か二月に戻ってきて、三月に試験を受けて、四月に入学して。それで五月二十五日の空襲です。

その前の三月十日に下町が全部燃えたの。これがすごい火事で、こっちから見えたんですね。山の手は焼けてないもんだから、みんな引っ越してきてね。だけ

明治通り（旧改正道路）沿いにあった榊原子爵邸跡地で遊ぶ家城氏と御兄妹。左から3番目が家城氏、当時5歳。昭和12年撮影

ど、また五月に焼かれちゃって。二度焼かれた人が結構いるんですよね、気の毒でした。

松井　五月二十五日の空襲の時は、家城さんは？

家城　私は、母の郷《さと》の大宮に疎開していました。東京に残っていたのは、両親と兄と姉。姉がよく話してくれたんですが、父がトラックに家族と近所の方を乗せて避難したそうです。布団を濡らして頭から被って、南無阿弥陀仏って唱えながら。ところが向かった新宿も火の海で、どうすることもできなくて戻ってきたら、奇跡的なことにうちの一角だけが残っていたと。

佐藤　私は焼けた時も、ずっとここにいた。こうやって人にお話はするけどね、本当に怖かった。穏田の家からずーっと明治通りを渋谷の方に向かって逃げて、長泉寺の山門の前に来たんですよ。母親がとにかく私の手を引っ張ってって、私はついていくだけだった。それでなんとか命拾いしたんですよ。当時の長泉寺一帯は、今と違って森でしたから安全地帯だったんです。

家城　五月の時に、明治神宮に逃げた人は助かったそうですね。

佐藤　表参道を青山方向に逃げた人はだいぶやられたそうです。

昭和24年10月頃撮影。
実家があった場所に立つ佐藤銀重氏。
建物の焼け跡は背丈ほどの草むらになった

松井　青山っていってもあの辺は全部建物ですから、青山墓地に逃げたんですか。
佐藤　行こうと思ったんでしょうね。けど途中で煙に巻かれて。火が地を這ってこう来ますからね。表参道交差点のみずほ銀行のところに最近慰霊碑が建ったでしょ。あそこでたくさんの人が燃え尽きていました。それと穏田川、渋谷川ね。あそこへ飛び込んだ人が結構いましたね。水を求めてね。

復興の歩み

「彼らは、ワシントンハイツから表参道を通って毎日通勤したんですよ、第一生命のGHQ本部へね」（佐藤）

佐藤　原爆ではないからね、翌年には草が生えてきてぼうぼうですよ。
家城　家を建てるだけの材料が無くて、防空壕に屋根をつけて暮らしている人も多かった。
佐藤　そうなんです。トタンと焼けた丸太を組み立てたバラック小屋だったんです。電気はそこら辺にぶら下がっている電線から勝手に取って使っていた。そんなことでずっと生活して、一、二年くらい経ったときかな、復興事業だって、家を建てる材木が配給になって。抽選ですけどね。その頃からやっと人間らしい生活ができるようになったよね。

家城　私の家のあたりで焼け残ったお屋敷は、GHQに接収されて、進駐軍人の住まいとして使われてましたね。

佐藤　なにしろワシントンハイツもできたからね。今の代々木公園は米軍家族の居住地だったんです。キデイランドなんかは、外国人相手のスーベニアショップとしてできたわけ。で、彼らは、ここから毎朝通勤するんですよ、第一生命のGHQ本部へね。それがすごい車の列でね。我々は一生懸命ね、カタログなんかもらってきてね、あれはキャデラックだ、とかやってましたよ。

昼間は、表参道で野球するんだよ。車通らないから。日本人は車なんて持ってないしね。何にもない。なにしろ人がいない。

「私は明治通りでテニスをやったことがあります」(家城)

家城　私は明治通りでテニスをやったことがあります(笑)。前のお屋敷に石垣があって、そこで壁打ちしてました。私テニス部だったので。車なんか全然通りませんもの。

佐藤　そう。それが二十二、三年ぐらいから、ぼちぼちと人が入ってきて、家が建つようになり始めたんだよね。外苑中学ができたのもその頃でしょ。

原宿が文教地区に指定されたのが、三十二年ですからね。東京都の第一号ですよ。これはすごいことですよ。戦後、竹下口のあたりに連れ込み旅館があってね、このままじゃ街が悪くなるっていうので。

松井　あの時は、家城さんのお父様が御尽力されたんだそうですね。

家城　うちの父は町会の仕事をしていまして、これには熱い思いがあったようですね。ですからよく覚えています。

松井　これがなかったら、今頃ずいぶん違う街になっていたんじゃないでしょうか。

「そこで大きく飛躍するきっかけが、三十九年のオリンピックですよね」（松井）

佐藤　街の骨格ができたというか、落ち着いたよね、やっと戦後のどさくさから。だから、昭和三十三年が明治神宮の遷座祭でしょう、原宿も同じようにその頃、復興まで行かないけれど、復興の方向性が見えてきた。

松井　そこで大きく飛躍するきっかけが、三十九年のオリンピックですよね。私が原宿に来たのが三十七年、十一歳の頃です。ここに土地を買うんだっていうんで、父親に連れてこられて。通りは広くてキレイなんですけれども、人が全然いなくてね。小学生でしたけれど、子供心にここを買ってどうするんだろうと思いましたね。

　ところが当然父は、三十九年のオリンピックにむけて、ワシントンハイツの土

現在の神宮前交差点で
ポーズを決める佐藤銀重氏。
昭和28年頃。
左手奥に見える教会の場所に、
現在ラフォーレ原宿がある

地が返還されてオリンピック村になるということや、表参道が井の頭通りと繋がるということを知っていたわけですね。それで、神宮前交差点の角の土地を買って、オリンピックの年に「八角亭」という焼き肉屋をはじめたわけです。お客さんていうのは、芸能関係。赤坂や市ヶ谷、その辺のテレビ局のスタジオで仕事に入ると何時に終わるかわからないでしょう。それで遅くても焼き肉が食べられるというので、こちらまで足を伸ばしてくるようになった。郊外だった原宿が、そんなことでパレ・フランスやラフォーレが出てくると若者文化の中心といわれるまでになってくるんですからね。

未来を思う

「並木の状態を維持しながら世代更新する方法を考えなくてはならない」（松井）

松井　明治神宮の杜はこの土地本来の常緑広葉樹の森を再現するという壮大な計画ですよね。私が生きているうちに完成するかどうか分かりませんが、是非完成させてほしい。その時に、欅並木が元気であるように維持していきたい。現状で言いますと、だいぶ痛んできています。

九十年前の御鎮座時に植えた木もそうですが、戦後に植えなおした木でも、もう六十年に近いわけですよね。一斉に高齢化していて、実際に危険な状態の木も何本かあります。全部駄目になったから、五十年後にまた植え直す、というわけにはいかないんですね。並木の状態を維持しながら更新する方向を考えなくてはならない。でも、それは我々の務めだと思っています。

「母がよく言ってました、
明治通りが無い時から。
『定子、原宿は
まだまだどんどん
変わるよ』って」（家城）

家城　そうですね。あの欅並木があるからこそ、今の表参道の発展があったんですものね。表参道ヒルズ、それから新しい地下鉄の駅もできましたね。これからどんなふうになっていくのか。新聞でどなたかが書いていました。「私は原宿が気に入って住み始めた。でも、どんどん変わってきて、自分の思いとは違う街になってしまったので引っ越した」、そんな記事でした。でも、私はここが自分の故郷ですから、その「変わっていった」ところを見て育ったわけです。母がよく言ってました、明治通りが無い時から。

「定子、原宿はまだまだどんどん変わるよ」って。ですからその「変化」を見つめて行きたい、希望をこめて。

佐藤　よい方向に変化していけるようにね。今ね、合い言葉は「原宿を第二の歌舞伎町にはしたくない」。原宿は渋谷と新宿という二つの繁華街の間にあるわけですから、おかしな方向に進む可能性はいくらでもあった。それを今まで防げたのは、明治神宮のお蔭ですよ。これからも神宮のもとで発展していきたい。そのためにも、我々住んでる者ががんばらないと。

3-2 聞き書き 渋谷今昔物語

戦火をこえて

明治神宮御社殿を焼き尽くした昭和二十年四月十四日未明の空襲から一ヶ月半。鎮座地渋谷の街もまた火の海と化した。五月二十五日午後十時二十二分、前夜に引き続いての空襲警報発令。二百余機に及ぶＢ29の襲撃により、渋谷だけで死者九百名、全焼家屋は二万八千戸に及んだという。この晩、明治神宮の杜も多くの人の避難の場となった。

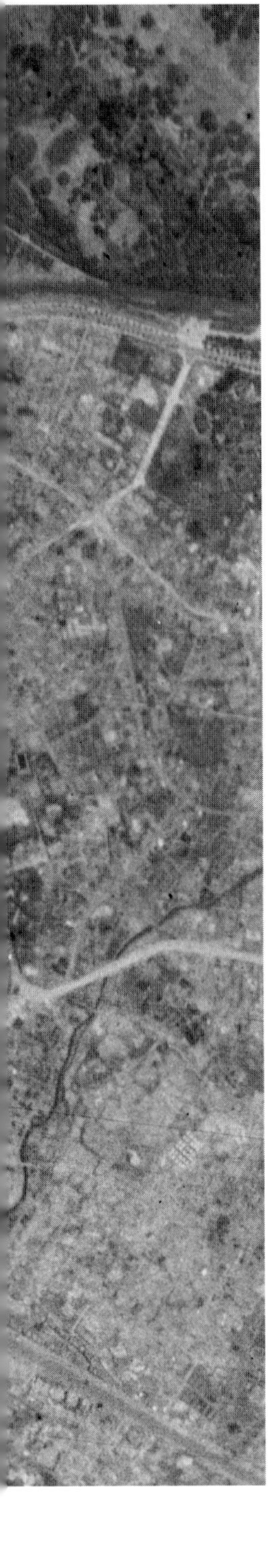

（写真は昭和二十一年、米軍撮影。明治神宮に隣接する代々木公園の地は、終戦まで代々木練兵場として使われていた。国土地理院提供）

寺田近雄●代々木新町

てらだちかお　昭和５年９月生まれ。現在の甲州街道と山手通りが交差する初台交差点の地に生家があった。昭和６年頃、道路拡張のため北側に移転。20年、同地で被災。大学卒業後、テレビ局等に勤務。昭和34年に代々木５丁目に居を構える。現在の住まいは４丁目。長兄の小太郎氏は寺田家17代目。現在でも、東京西部圏内に300人の親戚一族が暮らす。

北田孟也●代々木山谷町

きただたけや　昭和９年４月生まれ。生まれ育った代々木山谷町で、父親から設備工事の家業を引き継ぐ。町名変更で、現在の住所は代々木４丁目。昭和16年山谷小学校に入学し、４年生の４月から２年間、所沢に疎開した。戦後、渋谷消防団第六分団に所属。11年間分団長を務め、地域の防災に尽力。

鈴木銀三郎●千駄ヶ谷

すずきぎんざぶろう　昭和４年２月生まれ。鳩森八幡から新宿へ続く通称「千駄ヶ谷大通り」沿い、千駄ヶ谷１丁目で生まれ育つ。鳶職だった父親とともに昭和30年のお木曳に奉仕。現在、千駄ヶ谷地区連合町会会長として、地域再生に取り組む。「ギャラリー観音坂」店主。

黒川初江●千駄ヶ谷

くろかわはつえ　大正12年２月生まれ。千駄ヶ谷駅近くで生まれ、その後、現在の北参道交差点そばに転居し、そこで罹災。昭和20年に結婚後、現在の千駄ヶ谷３丁目に。表千家茶道教授。毎年、明治神宮桃林荘でお茶会を催すのが楽しみという。

伊藤敦子●原宿竹下町

いとうあつこ　昭和３年１月生まれ。両親が竹下通りで伊藤酒店を開業。女学校を卒業後、挺身隊として竹橋の東部軍司令部で働く。戦災後に再建した酒店を、父とともに切り盛りしてきた。店は、現在セブンイレブンとして弟が引き継ぐ。原宿竹下町会会長。

昭和16年の明治神宮と鎮座地渋谷　資料提供 ㈱人文社

寺田近雄（78）●代々木新町

先祖代々、代々木の住人

生家が初台交差点に

うちの祖先は、応仁の乱の少しあと、明応元年（一四九二）に近江からこの土地に来たという伝承があります。もう五百年以上前の話。原住民ですな（笑）。徳川の殿様も明治天皇も、うちより後にきたものだから、親父は「徳川さん」「天皇さん」って呼んでましたよ。

甲州街道と環状六号線（山手通り）が交わる初台の交差点がありますね。昭和五年、私が生まれた家はあそこにあった。当時、東京府豊多摩郡の代々木新町ですよ。東京市外ですから。それが道路拡張で地上げをくらって。甲州街道は倍になってね。環状線は不動横丁って呼んでたんですけど、あれも三倍ほど広がった。それで六年に家を取り壊して、今オペラシティがあるところに移っ

遠藤貴也氏撮影

たんですよ。

この辺は渋谷と新宿の境ですから、ややこしくてね。昭和七年に東京市が拡大して区制になるでしょ。すると、生家は渋谷区代々木新町で、オペラシティの方は、淀橋区角筈ってことになるんです。だから私は、渋谷と新宿を行ったり来たりしてるわけですね。明治神宮の土地はもともと井伊家の下屋敷があったところでしょ。井伊家があそこを手放して移ってきたのが、うちが持っていた土地なんですよ。それが今の西新宿三丁目のNTTです。

中野の方から火が迫ってきた

明治神宮さんを空襲から守るために、お宮の周りには高射砲陣がありました。その一つが、代々木四丁目の山之内邸内。あそこの広い庭に高射砲を二門すえつけて、兵隊が二、三十名泊まりがけで駐屯してました。だけど何百機ときて焼夷弾を落っことすからどうしようもなかったんですね。

神宮さんが焼けた翌月、五月二十五日の空襲の夜ね。僕は家にいて焼夷弾を五発ぐらい消したかな。近所の人と一緒にたたき消したんですよ。そ

昭和六年に道路拡張のために取り壊した寺田近雄氏の生家。表通りは現甲州街道（寺田小太郎氏提供）

れでほっとしてね。みんなでお茶飲んで、握り飯食っていたらね、中野の方から火が風に乗ってずうっとくるんです。それはどうしようもない。我が家は延焼でやられた。火は甲州街道で止まったの。だから、甲州街道の初台から南は焼け残ってるんですよ。

戦後、うちの奥さんと代々木五丁目の小さなアパートで新婚の家庭を持ったのが昭和三十四年。西参道がまだ桜並木で。きれいだったなあ。信じ難いでしょうけど、その頃参宮橋の駅は、正月三ケ日と十一月三日の明治節の時ぐらいしか開いてなかった。毎日電車が止まるわけじゃなかった。お祭りとなるとね、西参道の甲州街道からこっちは、全部屋台ですよ、両側にね。やっぱり表参道と、西参道は少し違うの。こっちの方が少し品がない(笑)。インチキなろくろ首とかね、作り物の化け物とか、面白いんです。これね、是非ルネサンスということで復興してくださいよ。サーカス、見せ物小屋、叩き売りとね、人がわーっと集まる、これは文化ですからね。今なら、今にあったやり方があるんじゃないでしょうか。

代々木山谷町にあった第二早蕨幼稚園。寺田近雄氏は前列右から三番目。男組と女組があった(寺田小太郎氏提供)

北田孟也（74）●代々木山谷町

神宮さまが燃えていた

家のまえが「春の小川」

生まれも育ちも代々木山谷です。一面田んぼだったですよ。だけど山谷っていうぐらいで谷でしょ。湿地だから田下駄を履かないと田植えができない。家を建てるっても、筏を作ってその上に建てるぐらい地盤が柔らかい。「酒二升つけるから、お前この田を耕してくれ」って言ったなんていう逸話があるくらいで、百姓としても難しい場所だったんじゃないですか。水が豊富だから、紺屋って染め物屋が何軒かありましたけど。

うちの前を、あの「春の小川」に歌われた河骨《こうほね》川が流れてたんです。何もない原っぱをね。オリンピックの時に埋められちゃったけど。近所に山之内侯爵のでっかいお屋敷があって、その庭の湧き水が「春の小川」の水源ですよ。あのね、うち

遠藤貴也氏撮影

の辺りから山之内侯爵邸に向かう坂が、あの岸田劉生が描いた「切り通しの坂」なんですよ。

山谷小学校は、神宮さまに毎月お参りに行きました。朝礼が終わってから全員で。西参道を通りまして、今の小田急の変電所のところに軍用動物慰霊碑があったんです。それと東京乗馬倶楽部の隣には、旅順白樺隊の忠霊碑ってそびえ立つようなのがあった。それでいよいよ神宮に入るわけ。御社殿に辿り着くだけでも、子供の足にはつらくてね。

消防団生活三十九年

その神宮さまが空襲で焼けたのを、私は見てるんですよ。昭和二十年の四月に入って、学校のみんなは集団疎開でいなくなっちゃった。うちは縁故疎開だったんで、二十日頃に所沢に行くというので、ここに残っていた。その間の出来事なんですね。あの夜、うちの裏の崖に横穴を掘った防空壕があって、そこに入っていた。空襲警報が解除になって出たら、火事なんですよ。明治神宮さまが燃えていた。その炎がね、いつもと全然違うんですよ。こう言ってはなんですが、なんだか神々

北田孟也氏（向かって一番左）のお兄さん（一番右）と幼なじみ。目の前には「春の小川」が流れていた（北田孟也氏提供）

しいようでした。毎月みんなと大変な思いをしてお参りにいった、あの神宮さまが焼けてるって。その記憶は、私は一生残ってますね。覚えてますけど、修身の教科書の表紙が、宝物殿の前にあった一本松の絵だったんです。あの松は、焼けずに戦後も残っていた。

戦後ね、私は地域の消防団生活三十九年ですよ。東京オリンピックの前からずっとです。四十年になるところで引退しました。渋谷区で優勝と準優勝を八回、都大会では三位を取りましたから、ここで辞めないと後輩に譲れないと思って。渋谷には十一分団あるんですが、渋谷消防団第六分団地域です。十一年間、分団長を務めました。ここは明治神宮さまの担当なんですよ。毎年一月二十六日の文化財防火デーでは、神宮さままで放水訓練をしてね。私ら地元の消防団が、明治神宮さまをお守りするんですから。

戦前の参宮橋駅。写真は昭和十年ごろ（小田急電鉄株式会社提供）

裏参道の銀杏並木に救われた

鈴木銀三郎（79）●千駄ヶ谷

馬が狂ったように飛び回って

　戦時中も私は疎開しないで、千駄ヶ谷にいたんです。母が本郷の湯島の出で、その生家の母、私の祖母が、三月十日の空襲で焼け出されて、うちに疎開してたの。ところが、今度は五月にここいらがやられた。祖母は二度焼けですよ。私は、頭から布団をかぶって、祖母を背負って、駅前の並木に逃げました。内苑外苑連絡道の銀杏並木ですよ。高速道路ができるまでは、通り沿いが馬車道になっていたんですが、そこに連隊が馬を放したんですね。だけど、馬は車道に出てきて火に狂ったようにパカパカと飛び回っていた。

　千駄ヶ谷駅前の徳川邸に植え込みがあって、そこに相当の人が避難して助かってます。本当に火事場風って、火がとぐろを巻くんですよ。道路と

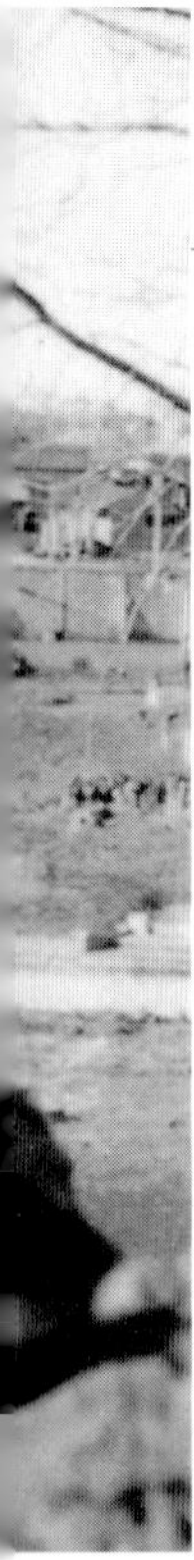

昭和二十年十一月。千駄ヶ谷一丁目鳩森八幡神社の富士塚から焼け跡を一望する。中央に消失を免れた修養団のビルが見える
（松山克男氏提供）

遠藤貴也氏撮影

いう道路が火の車。そこを思い切って外苑に逃げ込んだ人も助かったの。私の妹は、自転車で日本青年館へ逃げて無事だった。

家も何も焼けてからは、もう本当に借金を返したという感じ。いつ何が来ても怖くないという開き直りです。防空壕で寝起きして。いつ頃まで地下にいたのかな。五月二十五日から一週間を過ぎても、火がブスブスいっていて、何が燃えているのかと思ったらお雛さま。あの桐箱の火がいつまでも消えないんです。でも、もう水を掛ける気力もなかった。

千駄ヶ谷大通りに賑わいを

空襲の後、この辺の人達は代々木に疎開していきました。残った人も、通り沿いの民家は全部取り払いになって、人がいなくなった。それから三十九年のオリンピック。高速道路を作るというので、あそこも人家が取られて。戦争とオリンピックのおかげで、賑わいが代々木のほうに移っちゃった。それまでは、代々木の駅前なんてさみしくてね。狸が出ましたよ。

うちの前の、鳩森八幡から新宿に抜ける通り

が、昔から千駄ヶ谷大通りといって、ここらへんで一番の繁華街だったんです。こんなに狭い道ですが、八幡様を中心に大きな商家ばかりでしたからね。パン屋の明治屋と、その前のイカリヤというしゃれた蕎麦屋。その先に天麩羅屋。小沢薬局は調剤で有名なところで、戦時中は列を作りましたよ。長屋、長屋で、何しろここは賑やかだった。カフェって分かります？　この通りに三軒もあってね。ここへくれば何でもあった。

私最近ね、街づくりの話で言うんですよ。もう一度、明治神宮の参道らしい賑わいのある散策道にしようって。千駄ヶ谷は、神宮さんに、能楽堂、将棋会館と、伝統文化が根付いている街でしょう。今度は、「北参道」という新しい駅もできたことですしね。

黒川初江（85）●千駄ヶ谷

千駄ヶ谷生まれで、千駄ヶ谷にお嫁入り

北参道口の屋外映画会

私は震災の年に生まれたんですよ。大正十二年。戦前はね、北参道口から外苑に向かって人道と車道のほかに馬場があったのよ。今は高速道路になってるけど。そこが子供の頃の遊び場でした。砂が敷いてあったからお山を作って。馬糞が落ちてましたけどね。

明治節になると代々木の練兵場がサーカスや見せ物小屋ですごかったんですよ。「はなちゃんやー」と呼ぶと、「あい、あい」って出てくるのよ、ろくろ首が（笑）。トウモロコシやおでん、綿飴屋さんとかいっぱいで。小学生の私は、弟を連れて夕方遅くまで夢中になっちゃって、お母さんに怒られてね。

お祭りの夜にはよく映画をやったんですよ。屋

遠藤貴也氏撮影

外上映会。北参道が明治神宮に突き当たるすぐ手前の右側のところよ。白い幕を張ってね。座布団を持ってみんなで見に行ったの。ニュース映画や、漫画だとかあったわね。なにしろ、明治神宮のお祭りとなると、お参りの人がたくさんでしょ。北参道の砂利が交差点のロータリーの所まで来るぐらい、それほどすごかった。

うちの前で火が止まった

五月の空襲で青山からずっと焼けたでしょう。私の家の前はちょうどロータリーだったんです。そこで火が食い止められたの。ですからうちは焼け残った。焼け出された人が皆来ましたから、お茶や握り飯をこしらえたりしました。

私は昭和二十年に結婚したの。終戦が八月十五日で、結婚が七月六日。主人の黒川博は、軍需省の仕事をしてました。空襲のなかでしたけど、木炭車に乗って日本橋の三越までいって式をあげたの。それで所帯を持ったのが、今も住んでいる千駄ヶ谷三丁目です。だから、私は生まれも育ちも千駄ヶ谷。子供も皆ここで育ちました。私が有名だったのはね、毎朝、主人を千駄ヶ谷駅まで送っ

ていったんですよ。帰りもお迎えに。もう忠犬ハチ公と同じなの（笑）。子供が三人になると、乳母車に乗せて、手を引いて行くの。そうすると、明治屋さんというお菓子屋があって、そこで主人がお菓子を子供に買ってくれるのね。

　そんな主人も、三年前に亡くなりました。でも私はね、全然泣かないの。亡くなるその日まで、尽くすだけのことは全部尽くしたから。思い残すこと無いんですよ。お陰さまで孫が八人、ひ孫も今度五人目がうまれるんです。幸せですよ。私ね、お雛祭りの前やなんかに、五目寿司をたくさん作っちゃあね、近所に配って歩くの。お独りの方やご病気の方とかいらっしゃるでしょ。千駄ヶ谷にお世話になった私ですから、なにか地元のお役にたちたいんです。

千駄ヶ谷から母親に手を引かれて
お嫁に行った。
写真は昭和二十四年頃、
黒川初江氏の妹さんのお嫁入り。
現在の北参道交差点付近。
後ろにＪＲ中央線の高架が見える
（黒川初江氏提供）

内苑外苑連絡道路、通称裏参道に
まだ馬場があった頃。
昭和二十年三月十二日撮影
（黒川初江氏提供）

伊藤敦子（80）●原宿竹下町

竹下通りの酒店を守って

母を連れて東郷神社に逃げた

父は、若い頃牛込の大きな酒屋さんで小僧をしてまして、それで早稲田生まれの母と所帯を持って、原宿に店を出しました。伊藤酒店。大正十二年、関東大震災の年です。最初の店は今の明治通りに面した辺りでしたが、私が小学校の頃に、明治通りから竹下通りに入って四軒目ぐらいのところに移りました。竹下通りは何にもなくて。暗くなると、母が心配して原宿駅まで迎えに来るの。「ああ、おっかない」なんて母も駆け出すし、私も駆け足で帰るわけ。すると父が、「怖いんだったら、さっさと帰ってこい」って怒るのよ（笑）。

空襲の夜ね、私は母を連れて東郷神社に逃げたの。手前に石垣があって。私、いざという時母を逃がすために、そこにビール箱を置いといたの。

遠藤貴也氏撮影

それに乗っけて中に入った。みんな池に飛び込んでたわ、火がもうボンボンだから。焼け出されて、家族で父の田舎の青梅に行ったの。だけど駅降りたら、蛇が死んでるのよ(笑)。私は田舎じゃ暮らせないって、一晩で「原宿に帰る」って、一人で帰ってきちゃった。原宿駅前の喫茶店に「一晩泊めてください」って、そこの椅子で寝た覚えがある。

アベベが店にやってきた?

酒店を再開したのが昭和三十年頃。当時でも原宿は寂しいところで。駅の竹下口も、人が少ないから戦後は一時閉まってましたね。私、青山まで和裁を習いに行ってたんだけど、母が心配して。今の表参道交差点にあった都電の駅まで迎えに来るの。それぐらい夜は真っ暗で怖かった。でも治安が悪いのとは違う。お屋敷が多くて、住んでる人がよかったから。うちは月末勘定でしたが、代金をもらえないことはなかったって、父の自慢でした。

母が、三十二年に亡くなりました。私は二十九歳。お嫁に行きたいけど、父とお店を守らないと

昭和二十七年頃の原宿駅
(松田一敏氏提供)

いけないと思って。小さい頃から、母が病身でしたので台所もお店も全部やってきたから。私、えばってたのよ（笑）。原宿が変わってきたのは、三十九年のオリンピックの頃からかな。選手が、うちの店にも買い物にきてね。名前が「アベベ」だっていうのよ。よく聞いたら、アベベの従兄だった。渋谷川もオリンピックの時に暗渠《あんきょ》になったでしょ。昔は、お盆になると、お供え物を川に流しに穏原橋まで行ったものでした。

今住んでいるビルは、昔、酒店の物置だったところ。父は堅い人間で、それこそ若い時からこつこつ働いてきた人でしょう。ここだって父のお蔭よ。だから五三九ビルって、私がつけた。父の名、五作をとって。ずっと、一人で生きてきたけど、父が守ってくれているように思います。私の自慢は、友達が大勢いるっていうこと。「死ぬまでここにいたいわね」って話してるのよ。やっぱり原宿が好きだから。

昭和二十年代の表参道。ワシントンハイツに住む米軍家族を相手にしたショップが建ち始める
（原宿表参道欅会提供）

明日に向かって

渋谷の戦後復興を加速させた第一は、神宮に隣接する代々木練兵場跡地に建設された米軍家族住宅地ワシントンハイツであり、第二は、昭和三十九年の東京オリンピックであるといわれる。渋谷駅前の東急まで見渡せたというほどの焼け野原と化したこの地が、国際色豊かな文化の発信地へと成長する萌芽はここにあった。

（写真は昭和三十一年当時。ハイツに広がる住宅群は、オリンピックの選手村に転用されることになる。国土地理院提供）

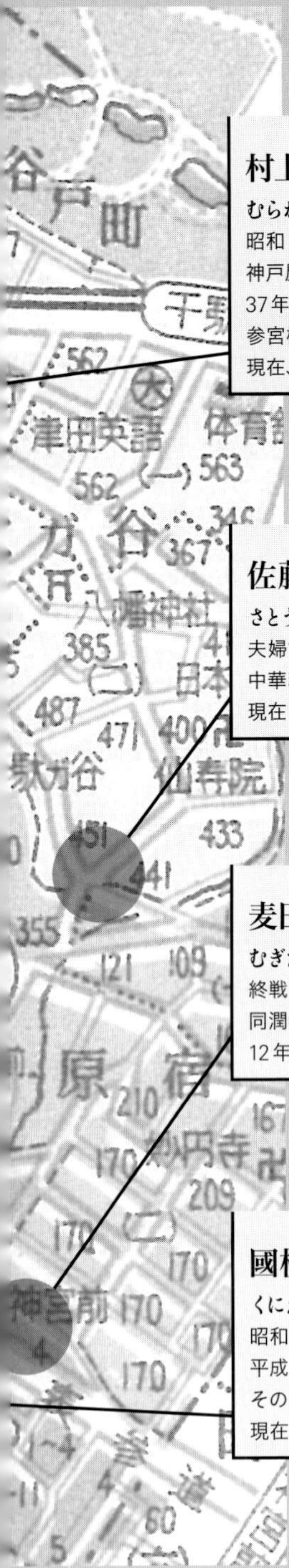

村上 博●代々木山谷町

むらかみひろし　昭和11年1月生まれ。代々木富ヶ谷町で生まれ育つ。

昭和18年6月母方の栃木県に疎開し、21年3月富ヶ谷に戻る。中学卒業後、代々木上原の神戸屋精肉店で修業。33年に富ヶ谷で独立。焼き鳥「七福」開業。

37年に結婚し山谷町に転居して「神戸屋肉店」開業。

参宮橋商店会会長を経て10年前引退。

現在、代々木4丁目町会長として地域の環境整備に取り組んでいる。

佐藤モト●原宿3丁目

さとうもと　昭和2年5月、横浜生まれ。23年に結婚し2年後、
夫婦で原宿に「原宿電気商会」を開業。その後、50年代前半から十数年、同地で
中華料理店「中華原宿」を営む。原宿3丁目町会前会長。
現在も、原宿きさらぎ会会長、原宿朗友会会長等を兼任し、地域の絆作りに奔走中。

麦田トラ●同潤会青山アパート

むぎたとら　大正15年12月、大田区大森生まれ。
終戦直後から、交通局勤務の夫・麦田光男氏とともに青山アパート2号館に暮らす。
同潤会アパートを古くから知る生き字引。平成15年に建て替えで一時退去するまで
12年間、青山アパート町会長を務める。現在も、新しくなった表参道ヒルズの住人。

國枝純一●原宿穏田

くにえだじゅんいち　昭和20年6月、岩手県生まれ。
昭和23年から穏田の住人となる。神宮前小学校を昭和32年に卒業。
平成19年に告示された「穏田まちづくりルール」の策定に携わり、
その運営に取り組んでいる。
現在、(財)新日本フィルハーモニー交響楽団特別参与。夫婦ともに音楽家。

昭和34年の明治神宮と鎮座地渋谷　資料提供 東京地図出版㈱ ©Tokyo Chizu Publishing Co.,Ltd

村上博（72）●代々木山谷町

ふるさと代々木で独立開業

参宮橋はオリンピックで開けた

代々木富ヶ谷一丁目で生まれて、富ヶ谷小学校に行きました。練兵場が遊び場で、入っては追っかけられましたよ、原番に。原っぱの番人ですよ。表参道に一人と今のＮＨＫ側に一人いて。「原番がくるぞー」って言って、もう逃げるのに一生懸命。

三年生で母親の郷の栃木県に疎開し二十一年の三月に帰ってきたのですが、その時に間違って原宿駅で降りちゃったんです。それで練兵場の真ん中を突き抜けて帰ったんですが、もう残骸でね。サーベルは落っこっているし、鉄兜が転がってるしで。ああ、負けるってこういうことなのかって思いましたよ。

私は学校を出てないんですよ。叩き上げですから。戦後の物の無い時に兄弟八人いましてそれで

昭和三十三年十一月、明治神宮復興遷座祭を迎えた参宮橋駅

遠藤貴也氏撮影

中学を出てすぐ、代々木上原の神戸屋精肉店に就職しました。そこが今の女房の家ですよ。二十二歳で独立して生まれ育った富ヶ谷に初めて自分の店を持ったんです。焼き鳥「七福」です。昼間は渋谷のガード下界隈の焼き鳥屋に内臓を卸し、夜は自分の店で商売。肉屋の開業資金を作るため、無我夢中で頑張りましたよ。

三十七年に結婚して、山谷町、今の代々木四丁目に移って神戸屋肉店を開業。参宮橋の辺りはちょうどその頃から、三十九年のオリンピックに向けてぐうっと開けてきたんですね。工事のための職人さんが集まってきたんです。それが始まりでどんどん人口が増えてきたんですね。チンドン屋さんで売り出しをすれば、行列が出来ましたからね。商店街作りに、また街路灯作りに奔走しましたね。

お蔭さまの教え

代々木四丁目は渋谷区でも三、四番目に大きい町会なんですよ。広いし人口も多い。この地域だけで二千七百世帯。どんどん増えていますから、今は三千に近いんじゃないでしょうか。私も町会

長をして十年になりますが、何とかしたいことが山ほどあるけど、体も頭ももう追いつかない（笑）。

　明治神宮は大正九年に鎮座されましたね。その時、うちの親父は今の青山・紀伊國屋の前っかたでカバン屋やっていまして。表参道が人でぎゅうぎゅうで動けなかった、それほど明治さまってすごかったって聞かされて育ちましたからね。今も明治神宮が繁栄しているのも、やっぱり明治天皇さまが偉大な方だったからでしょう。ありがたいことですよね。僕らが今あるのはそのお蔭なんだ。古いと言われるけどお蔭さまなんですよ。だから倅《せがれ》に言うの。お蔭さまってのは、受けた恩を後世にお返ししていくことなんだって。私もこの土地のお蔭で生活させてもらっているから、もうちょっとここのために頑張りますよ。

佐藤モト（81）●原宿三丁目

夢と希望の「原宿電気商会」

誰もが骨惜しみをせず、よく働いた

昭和二十五年に駒場から転居した頃は、家もまばらで二階建ても殆どありませんでした。私の家の二階から東急デパートがよく見えたのを覚えています。主人が東京電力に勤めていたのですが、自分で店を持ちたいと、今考えると脱サラのハシリでした。そして「原宿電気商会」が始まったのです。場所は商店街の入口にあたる角。これから発展する所ではないかと思い、余裕が無いのに無理して土地を買ったわけです。ちょうど新築の家が増えてきた頃で、電気工事の仕事は順調にいきました。

私の家に洗濯機が入ったのが昭和二十八年頃。絞り器で脱水するのが一番最初でした。テレビは三十年頃かしら。何しろ電気店だから早かった。プロレスの時は近所の人達が二、三十人集まって、

遠藤貴也氏撮影

店の障子を外してみんなで見ました。

三十四年の皇太子様の御成婚では、一月に五十台は売れました。あの頃一台が五万四千円。「頭金無し月三千円」と宣伝して。店から半径五百メートルがお客様の範囲でした。

私はサラリーマンの家内のつもりが、商人になったから大変。子供も小さくて。新聞で職人とお手伝いさんを募集して、十人ぐらいに来ていただきました。田舎から出てきた人は二階に住み込みです。昼はお弁当を持たせて、夜は通いの職人も一緒にテーブルを囲んで。みんなよく食べてくれました、若いから。今思うとたいしたおかずもなかったけれど、でも和やかでした。あの頃は、みんな骨惜しみをしないでよく働きました。大晦日は、夜十二時まで店を開けていたので、その後で年越しをして。若い衆は一杯飲んで「これから明治神宮に行ってきます」と、お参りに出かけていました。

三十九年のオリンピックの時、二階の物干し場から競技場の聖火が見えました。まだ周りには高いビルも無くて。でも、その頃からこの辺りにもお店が増えてきました。魚屋さん、肉屋さん、

八百屋さんもあったし。小さいけれど便利なお店が並んでいて、一時は三丁目の商店街で何でも間に合うというぐらい賑やかでした。

三丁目の強い絆

我が家の周りは、地名変更で神宮前二丁目になりましたが、昔は原宿一丁目と千駄ヶ谷二丁目の境でした。ご近所の関係で原宿三丁目町会ができた時から手伝っておりまして、私も町会長を六年、町会の皆さんの協力で無事に終えることができました。

ここは古い人が多いので、地域を守るという気持ちが強いのです。通学路のパトロールや一人暮らしの方の食事会があると、皆さんが協力してくれます。こんなに絆があるのはうちの町会だけではないかと自負しています。でも、高齢者が住みにくくなっていることは確かでしょう。今は買い物一つでも不便になってきたので。自分が健康なうちは、何かお手伝いができればと思っています。それが、私の元気のモトなんです。

昭和三十九年、オリンピックで盛り上がる原宿、神宮前交差点付近（原宿表参道欅会提供）

麦田トラ（82）●同潤会青山アパート

青山アパートと歩んだ戦後

終戦直後からここの住人

終戦直後にこのアパートに入ったんですよ。主人は交通局に勤めてたんだけど、軍隊から戻ってきても、みんな焼けちゃって住むとこがないでしょう。だから交通局が二号館と三号館を寮として借りてくれたんです。主人は終戦と同時に復員したから、入居したのが昭和二十年。私がここにお嫁にきたのが二十一年頃かな、それからです。

大変でしたよ、一戸に二所帯で入ってたんだから。トイレも、裏に粗末なのをいくつも作って、そこにみんな夜でも行ったの。水洗便所があったけど、何しろ水が出ないでしょ。一日に数時間しか、水道から水が出なくてね。裏の小学校のプールの横から清水が出ていたんですよ。その水を汲んで使ってたの。

二十六年に、マッカーサーの指令で財団法人同

遠藤貴也氏撮影

同潤会青山アパート。昭和二十七年二月二十四日撮影

潤会は解散させられて、都営住宅になったわけ。それで住んでる人に払い下げたんですよ。住人同士で相談して、買うことにしました。まさかここにずっと住むことになるとはねえ。

アパートの水を守って

水が二十四時間使えるようになったのが、昭和三十五年ですよ。それまで清水を飲んでいた。タンクが入ったのね。それでアパートの居住組合が、水道料金を集める使い走りを募集してるっていうので、バイトのつもりで始めたの。週に一回、タンクの空気圧を調整する業者にお茶をだしたりもしてね。ところが一年したらその調整が有料になるっていうの。で、住人の負担にならないように見よう見まねで私がやりましょうか、と。それが運のつき(笑)。

夏は使いが激しいから、空気圧が減って水が上に上がらないの。するとあちこちから「トラさ〜ん」「水が出ないよ」って。もう朝からずっとポンプ室です。娘の夏休みに旅行にも行けなかった。そうなるほどつらかった。だけど、主人が「どんなことがあっても、頼まれてやったんじゃない、親

切でやったんだから絶対恩に着せてはいかん」って。自由奔放に生きた人だけど、やっぱり昔の男なのね。だから私はそれを二十年やったんです。

五十七年にやっと新式の設備が入りました。ところが、水道料金がべらぼうに高い。原因は漏水ですよ。なにしろ、本管が大正末期にできたもんだから腐ってるの。私はヘルメットをかぶって、十棟全部の床下を泥だらけになってもぐってね。本当にアパートに尽くしました。タンクじゃなしに各戸直結になったのが平成九年五月。その一月前に主人が死んだの。きれいな水をね、一滴でも飲ませたかった。

主人を失ってね、そこに建て替えの問題があったでしょ。私、十年くらいノイローゼになっちゃった。その時私を救ってくれたのが、地域の人達。私、平成三年から十二年間、青山アパートの町会長してましたからね。他の町会長さん達が「麦田さん、また顔出しなよ」って。涙がでるほどうれしかった。地域の人達にはもう本当に心のお礼がしたい。今でもそれだけは一生懸命心がけてるんです。

昭和三十三年十一月、明治神宮復興遷座祭を迎えた表参道。沿道両側に奉祝の提灯が見える

「穏田コドモ会」の思い出

國枝純一（63）●原宿穏田

御製の短冊を集めるのが楽しくて

私は昭和二十年、岩手の生まれです。父が花巻で音楽の教師をしていました。戦争中に母と結婚し私が生まれ、戦後の昭和二十三年に現在の地に居を構えました。ここは一部がまだ焼け野原で、我が家から渋谷の東横百貨店が目の前に見えたことを覚えています。

裏隣の相原印刷所のおじいちゃん、一彦さんが毎月一日と十五日の早朝に近所の子供達を集めて明治神宮に参拝に連れて行ってくれました。それが「穏田コドモ会」です。町内を小さな鐘を鳴らして回り、それを合図に集まった子供達は明治神宮をめざして歩き、やがて本殿の手前の手水舎で清めて、鳥居をくぐり仮社殿にてお祓いを受けました。そして相原さんのところで印刷された御製の短冊を頂き、また一緒に帰っていくのでした。

遠藤貴也氏撮影

私は今でもその綴りを大切に持っています。その一枚を見ると昭和二十八年十月一日と日付が入っています。御製といっても歌の意味は解らず、ただ集めて綴るのが楽しかったのです。

今では毎朝のように明治神宮に参拝し、時間があると宝物殿前でラジオ体操に参加しており、四季折々の神宮の自然に親しんでいます。

音楽で穏田に恩返し

私は絵を描くのが好きだったので、クレヨンや絵の具を持って東池に行き、池のほとりでよく写生をしていました。当時は明治神宮会館もなく自由に東池に入れました。そこで描いた一枚が或る絵のコンテストに入賞したことがあり、今では懐かしい場所です。

また神宮の森は子供達の良い遊び場でした。「大砲ドングリ」という大きなドングリや椎の実を探すのも楽しみのひとつで、椎の木がある場所は今でも変わりません。一本目は大鳥居の手前の左側、それから一礼をして鳥居をくぐり、枡形を曲がった所に二本目があります。今でも菊花祭の時期になると菊の小屋の屋根に音を立てて落ちてきます。

本殿で参拝を済ませて西手水舎の手前に三本目があり……。これもやはりコドモ会の先輩達から教わった遊びのひとつです。

私達「原宿原民」にとってここは小さい頃からの思い出が一杯詰まった街なのです。穏田に住む人、働く人、事業を営む人が安心してもらえるような街づくりを心がけ、平成十九年に渋谷区では二番目の「穏田まちづくりルール」を策定し、その運用を始めました。私はその準備から微力ながらお手伝いをはじめ、これからの活動に役立てたいと思っています。

私は音楽を生業にしているので、育ててくれた街の人々に感謝すると共に懇親の場が広がるように、毎年「秋の演奏会」を家内と新日本フィルのメンバーの助演を得て、穏田表参道町会の主催で行っております。これからも「穏田コドモ会」の時のように明治神宮にお参りをし、また音楽でこの街に恩返しが出来ればと思っています。

八歳の頃の國枝純一少年が楽しみに集めていたという明治天皇御製の短冊集（遠藤貴也氏撮影）

渋谷を愛する者として

毎年約一千万人の参拝者が訪れる明治神宮。

大正九年の御鎮座にあわせて築造された、神宮参道を擁する鎮座地渋谷と明治神宮とは、
文字通りともに歩んできた歴史がある。

戦後復興から五十年、そしてこれからの五十年へ。

街と杜が育んできた多くの思いとそして思い出を、大切に次代に引き継ぎたい。


（写真は平成十三年当時。表参道沿いの青山同潤会アパートは、表参道ヒルズへと姿をかえた。国土地理院提供）

川崎俊夫●ラフォーレ原宿

かわさきとしお　昭和22年6月生まれ。46年に中央大学を卒業後、森ビル（株）入社。
61年森ビル管理（株）取締役。平成3年に（株）ラフォーレ原宿業務管理本部長就任後、
これまで17年間、ファッション発信基地としての原宿づくりを牽引してきた。
平成5年より（株）ラフォーレ原宿取締役。現在、代表取締役社長。

山本正旺●原宿穏田

やまもとまさおう　昭和19年9月生まれ。7歳まで銀座で育つ。
昭和24年に創業した父親のガソリンスタンドの事業拡大に伴い、14歳で穏田（現神宮前）
に転居。学習院大学卒業後、米国留学。昭和45年に帰国後、父の後を継ぎ
隅田商事（株）社長に就任。平成11年から7年間、原宿表参道欅会理事長を務め、
現在も名誉会長として指導力を発揮している。

半田庄司●原宿穏田

はんだしょうじ　昭和12年6月生まれ。竹下町で7歳まで過ごし、
疎開先の栃木で終戦を迎えた。戦後、父親が穏田3丁目で木材屋を開業。
現在所有する秋田木材ビルは、かつて木材置場だった場所。
原宿防犯協会会長、神宮前地区町会連合会会長、原宿・穏田表参道町会会長、
渋谷区町会連合会副会長として多忙な日々を送る。

平成19年の明治神宮と鎮座地渋谷　地図使用承認 ©昭文社 第08E062号

川崎俊夫（61）●ラフォーレ原宿

三十年目のラフォーレ原宿

原宿進出という実験

私がラフォーレ原宿の担当になったのは、今から十七年前なんですが、実は、昭和五十三年にここがオープンする前から御縁があるんです。森ビルの不動産部にいまして、駆け出しの私が従っていた先輩社員が、ラフォーレの敷地を取得する売買交渉の担当でした。ＳＤＡ東京中央協会がここを所有していたんですが、その四分の三をお売りになるというので。たくさんの方が手を挙げられて、競争が大変でした。

森ビルは元来、事務所ビルが中心の貸しビル会社でした。商業施設というのはここが初めて。複合開発を進めるための実験的な試みでした。その経験が、後の六本木ヒルズのような複合的な開発に生きたんですね。でも最初は試行錯誤で、色々

ラフォーレが出来る前の場所に建つ東京中央教会

遠藤貴也氏撮影

な方の指導を受けた結果、繁華街の百貨店と同様のテナント構成になってしまってあまりうまくいかなかった。そこで、マンションメーカーといって、裏原宿やセントラルアパート等で、自分達で作って卸している若いクリエーター達に注目したんです。卸ではなく、うちで小売りをやらないかと声をかけて。今の産直ですよ。一店舗の区画をなるべく小さく、テナント料も安くして入りやすい形を提供した。

それが、DCブランドブームに繋がったんです。昭和六十年がピークでしたね。原宿がサクセス・ストーリーを生む街として注目され、それがまた新たな人を呼んだ。本当に、原宿という街とともにラフォーレは成長してきたわけです。

原宿の横軸を担って

最近は、表参道がスーパーブランド・ストリートになってきまして、若い人達が作りあげてきた原宿の街で、逆に若い人が商売したり住んだりできにくくなっている。これは原宿のこれからにとっては危険なことだと思うんです。大人の街なら銀座も六本木もあります。原宿から若いパワー

を排除してしまっては、渋谷と新宿に挟まれていますから、間にどんどん沈み込んでいく可能性があります。

森ビルも表参道ヒルズを開発しましたが、ヒルズが大人のファッション・文化だとしたら、ラフォーレはあくまで若者の文化がコンセプトです。それもいわゆる「若者」ではなくて、若いスピリットですね。年齢じゃないんです、ノンエイジ。世代を超えて、若い感性を持った人達が対象です。その意味では、表参道と明治通りのそれぞれの役割というのがあるのではないか。明治通りに位置する我々は、縦軸の大人のファッションに対して、横軸として、若者文化の育つ土壌で有り続けたいと思っています。

今年は、明治神宮復興五十年の記念の年だそうですが、実は、ラフォーレ原宿もオープンから三十周年を迎えるんです。新しい地下鉄も開通しましたし、力を合わせて原宿を大きく盛り上げていきたいですね。

山本正旺（64）●原宿穏田

「欅会」から世界へ

原宿という未来型

僕は物心がついたのが銀座ですよ。親父が永代橋で戦後最初のガソリンスタンドを始めて。都心でもまだ木炭車が走っていた頃ですよ。親父には先見の明があったんだな。それが、僕が中学の時に穏田に引っ越すという。「アメリカの西部開拓じゃないけど、都市は西へ西へと発展していく。ここは西へのゲートウェイだ」というんですよ。ちょうど神宮復興の三十三年にここに来たんです。それまでの都心とは随分違う雰囲気で、これで仕事ができるのかって思うような田舎でしたよ。

僕は二十二歳から三年間、アメリカに留学していて、親父が倒れたっていうんで、昭和四十五年にここに戻ってきたんです。そしてすぐにスタンドをやめて商業ビルにするって宣言した。僕はアメリカで公害問題をいち早く体験していたから、

現在の神宮前交差点と
ラフォーレ原宿
（遠藤貴也氏撮影、㈱松井ビル撮影協力）

遠藤貴也氏撮影

当時話題になりはじめた排ガス問題もこれからは深刻になるだろうと思ってました。忘れもしない四十六年八月のニクソンショック（日本の為替が変動相場制に移行）の頃です。親父も周囲も猛反対。だけど、この場所はそういうものを跳ね返すだけの力がある。ここは未来型の街だなという思いがあった。これは後で知ったんだけど、欅を植えるためにここは電線が地下ケーブルなんですよ。大正時代から未来的街造りをしていたんです。

ビルの竣功が四十八年四月。その十月に第一次石油ショックです。日本で、省エネ、手作り少量生産が脚光をあびる、そういう価値観が転換する時代でした。原宿はそこから成長するんですよ。資本も組織もない若者達が集まって、手作りのアパレルをやっていたわけでしょう。同じ年に、今の原宿表参道欅会の前身、「シャンゼリゼ会」ができる。その最初のテーマが「キープ・クリーン／キープ・グリーン」ですからね。

原点からの出発

もっとも、僕はその会の名称が大嫌いで。平成十一年に理事長を引き受けるにあたり、仲間と「欅

会」に変えた。グローバリゼーション一点張りの日本の傾向は、もうおかしいと思っていたから。そしてその時、明治神宮に「片寄った戦後の流れを変更したい。表参道を街のできた原点にもう一度戻したい」と僕達の思いを話に行ったんです。

　神宮を再興した昭和三十三年、日本人はまだ貧しいですよ。食うや食わずであれだけ立派に再建する、この気概ですよ。今ならできるだろうか。お金が無いんじゃないんだよ、当時の方がお金がないんだから。金が無いけど気概があるからできたんだ。だから五十年というのは、ハードとしての建物だけじゃなく、当時の日本人の誇りやメンタリティーを振り返る意味もあるはずです。

　今、表参道では、欅会青年部会を中心にした「グリーンバード」という団体が、クリーンアップ運動をしてるでしょう。僕にはネイティブ・アメリカンの友人デニス＝バンクス（アメリカン・インディアン・ムーブメントの最高リーダー）がいるんだけど、彼の聖地がペットボトルだらけなんだ。僕は怒ったよ。「明治神宮にゴミが散乱していたら、僕は怒るぞ。なぜ貴方は怒らないんだ、なぜ自ら清掃しないんだ」って。これは原宿というエ

山本氏の父親が開業した表参道沿いのガソリンスタンドが左側に見える。
昭和四十三年頃
（鈴木均氏提供）

リアで活動している人間だから言える言葉でしょ。今、彼らはロンゲストウォークⅡというサンフランシスコからワシントンDCまで歩く活動の中で「クリーンアップ・マザーアース」作戦を展開して、全米で話題になっていますよ。だから日本の原宿でやっていることが世界に影響を及ぼすんです。

表参道は、日本の若い人達にとっても、目線を内外に向けて、自分のアイデンティティーを創出していく、それにはもってこいなエリアじゃないでしょうか。

環境ボランティア、グリーンバードの表参道クリーンアップ活動

半田庄司（71）●原宿穏田

神宮の杜に相応しい街並を

「行の会」で学んだ

生まれたのは竹下町です。父親は、渋谷市場という食品マーケットに乾物店を出していました。渋谷駅南口の東急プラザ前のところがそうだったんです。私は、千駄谷小学校に通っていたんですが、戦争が激しくなって、父の故郷の栃木に疎開しました。終戦とともに戻ってきてから住んだのが、今の明治通り沿い、救世軍士官学校の隣です。父は、戦後すぐに木材屋を始めたんです。商才があったんですね。焼け野原でしょう、木材が圧倒的に足りないわけですから。近所には、大きな製材所があって。鉄工所も木工所もありました。木を挽く音や、大工が刻んでいる音が響いていて。今ではちょっと信じられないでしょう。

遠藤貴也氏撮影

明治神宮の復興造営で、宝物殿前の池が貯木場になっていましたね。私は大学生でしたが、よく覚えています。友達が「水に浸しっ放しじゃ木が腐るんじゃないか」と言ったんです。私は材木屋の息子だから、「材木は水に浸けておくと腐らないんだ」って説明したんですから。

とにかく、神宮にはよく行っていました。穏田にある相原印刷の前社長相原一彦氏が大変な敬神家で、「行の会」というのをやっていましてね。それに入れてもらって、青年になっても一日と十五日にお参りしてました。「行の会」は大人の会ですが、相原さんは小さい子のためには「穏田コドモ会」、それから「穏田青年会」というのも作ってたんですね。そういう教育って大事ですよね。今の私があるのは、まわりにそんな熱心な大人がたくさんいてくれたおかげだと思っています。

原宿を環境悪化させない

ある時、古い歴史を有する地方都市に行ってがっかりしたんですよ。お寺の前にパチンコ屋があったり、高いビルで五重塔が見えないでしょう。私は、明治神宮の周りがこんなことになったら絶

対にいやだと思った。だから、町会で頑張って運動して、平成十四年に「東京都市計画地区計画」というのを渋谷区と協力して作ったんです。都の条例ですよ。それで明治神宮の前から港区との境まで、表参道の周りはずっと、風俗営業ができないようにしたんです。ビルの高さ制限も三十メートルまでに制定して。

苦労しましたけれど、そこまで一生懸命になれたのは、やっぱり明治神宮に対する崇敬の念が篤かった先輩達を見てきたからですよね。町会の下積みが役に立った（笑）。だけど、元を正せば、明治神宮があるからこそ、僕らも何とかこの良き環境を守ろうという気持ちになったわけでしょう。ここが普通の住宅や商店街だったらどうだったか。だから、明治神宮のおかげなんですよ。本当にそう思ってます。今は、神宮橋の前の歩道橋を外す運動をやっていますす。これがまた大変ですけれど。

同潤会青山アパート跡地に建つ表参道ヒルズ（遠藤貴也氏撮影）

大正十五年、日本で最初の風致地区に指定されたのが明治神宮とその参道であった（鈴木均氏提供）

3-3

インタビュー

記憶のなかの明治神宮

代々木の氏神・八幡さまに生まれて

平岩弓枝●作家

神宮の仮殿を見たら、
どうしてだか
「ああ、残ったんだ」って
思いましたよ

現在の代々木八幡宮の前で（遠藤貴也氏撮影）

プロフィール

昭和七年、東京生まれ。代々木八幡宮宮司の長女として生まれる。夫は、現宮司・平岩昌利氏。日本女子大学国文科卒業。戸川幸夫氏の知遇を得、その推薦で長谷川伸氏に師事。昭和三十四年『鏨師《たがねし》』で第四十一回直木賞を受賞。小説、舞台演出、テレビドラマの脚本を手がける等、幅広く活躍。平成九年紫綬褒章受章。文化功労者。著書に、時代小説『御宿かわせみ』『はやぶさ新八御用旅』シリーズがある。

——先生は、明治神宮にすぐ近い代々木八幡宮が御実家。生れも育ちも、代々木八幡なのですね。

平岩◉遡れば、代々木八幡宮の氏子区域の中に明治神宮が誕生したわけですから、非常に親近感があるんですよ。ここの氏子達も、「明治神宮さん」って非常に大事に思ってきた。勿論、父もそう。それから、親近感と同時に尊ぶ気持ちね。父

代々木八幡宮の前で。小学生の頃

の世代は明治生まれですから、明治天皇様を追慕するという気持ちは、今の我々が考えるより、とても大きい。本当にお慕わしいという気持ちでお参りしているのを、子供心に感じました。私も、小学校に上がる前から神宮には随分行きましたよ。宝物殿の前に大きな池がありますよね。あそこに大きな鯉がいてね。誰が教えるのか知らないけれど、あれが主だっていうのが、皆分かるわけ。うちから麩《ふ》を持って行っては、あげましたよ。明治神宮というのは、私にとっていろんな意味で近い。遠い思い出じゃなくて、近くに寄ってる思い出。だから、過去の出来事なんだけれど、すぐに思い浮かぶというような。

——代々木、渋谷というのは、どんなところだったのでしょうか。

平岩◉この近くには牧場があったんですよ。小学校の頃、戦前ですよ。そもそも明治五年頃には、銀座や京橋、東京の真ん中に牧場が一杯あったそうですよ。それが、中央が発展してきて、外れの代々木のほうに移ってきたんです。

表参道も、何もなかった。あの辺りは住宅地だったの。商店なんてありませんでしたよ。でも物騒でもなかった、夜歩いても。それはやはり、明治神宮の参道だから。戦後に目立ったのは、まずオリエンタルバザール。それからコープオリンピア。あの地下に、今でいうところの高級スーパーが入ったの。それが私が、「高級スーパー」なるものに出会った最初。その頃から、表参道も変わりだしましたね。

代々木公園も、戦前は代々木練兵場でしょ。周りが鉄条網で囲ってあるんですけど、それでも子供っていうのは、その破れを探して、潜り込んでね。「兵隊さんが走ってくる」っていって、見てましたよ。

練兵場で思い出すのは、私が初めて昭和天皇にお目にかかった時のこと。昭和四十一年、『旅路』というNHKの連続小説を書いたんです。鉄道員の話ですが、それを陛下が御覧になってらしたということから拝謁しました。そこで、いきなり「平岩は代々木八幡の娘だね」って。「あそこに上が二つに分かれた松があったんだけれども、健在かね」って仰ったの。その松は、うちの御神木だったんです。「申し訳ございません。あの松は、雷が落ちて焼けましたので、伐採致しました。今は二代目でございます」と申し上げたのだけど、「そう、伐ってしまったのか。雷が落ちたのでは仕方がないね」と、懐かしそうに何度も何度も仰るのね。私は陛下がどうしてうちの御神木を御存じなのか不思議で仕方がなかったんだけれど、当時の入江侍従長が「あれはね、陛下が観兵式でお使いになったお立ち台が、御神木から直線の位置にあったんですよ」って。陛下は大変まじめな方でいらしたから、お立ち台に立たれると必ず後ろを御覧になって、間違いなく松から一直線にあるのか確認なさったんですって。それが私が戦後にびっくりしたことの一つ。ああ、練兵場で行なわれていたあの観兵式のことだったんだなと思ってね。

――仮殿で御奉祀していた頃の戦後の明治神宮は御存じですか。

平岩◉覚えてますよ。子供でも涙がこぼれてね。それでもやっぱり、ああ日本は残ったっていう、「残った」なのよね。神殿は燃えたけど、御神体は……っていうような。みんな泣きましたよ。お参りに来る人達がね。私もやっぱり泣きました。一生忘れないでしょうね。うまく言えませんけれど。

――明治神宮は昭和三十三年に遷座祭を迎えました。先生も三十三年にお書きになった『鏨師』で、翌年直木賞を受賞。それから五十年を迎えられるわけですね。

平岩◉それは言わないことにしてるのに(笑)。作家生活五十年というのは珍しくないけれど、直木賞受賞から五十年というのはいないんですよ。三十年に戸川幸夫先生と出会って、原稿用紙の書き方から教わって、三十三年に『鏨師』で刀剣鑑定家としての父親のことを書いた。そして二十七歳で直木賞ですから、まだ一人前じゃない人間が受賞しちゃったのよね。それから苦労もしましたけれど、でもいい苦労でしたね。昭和三十三年というのは、私にとって、一つの大きな節目。人生の節目というか、作家としてのスタートを切った時。だから忘れられません。

――御復興五十年、新たなスタートを切る明治神宮に期待することを、最後にお聞かせください。

従兄達と訪れた明治神宮御苑。昭和30年代

平岩◉そうですね、明治天皇の御偉績というものを、通り一遍じゃなくて、分かりやすく、今の人に話す機会を持っていいんじゃないでしょうか。国民と陛下が、明治時代は遠いように思っている人が多いんですけれど、身近なんですよ。それは、神様のように畏《おそ》れ、親しみ、尊敬するっていうものなんだけれども、天皇様はいつも日本国民のことを考えて下さっているという信頼の心と感謝の気持ちでしょうか。それは明治神宮に感じる近さでもあるように思います。伊勢の神宮の参道を歩いていると、厳粛な気分になるとよく言いますよね。明治神宮の参道にもそれがあるの。あの玉砂利をさくさくと踏んでいく感覚。大事にしたいんです。

そして、明治百年と言いますが、近いですよね、明治時代は。あまり遠くに目をやらなくても、ほんとに百年前のところに、よい見本があるわけだから。あの不平等条約を乗り越えるだけだって、容易じゃなかったと思うんですよ。でも、それを明治の人はやってくれた。その時、トップで一番苦労なさったのは、明治天皇。その広い視野がなかったならば、この国は近代国家にはなれなかったはずですよね。今、明治時代を書いているので、本当にそれを思います。うまく言えませんが、そういう明治神宮の原点をもっと伝えられたらと思うんです。

ワシントンハイツの新聞配達少年

山本一力●作家

あの夏、ハイツから眺める神宮は、
もう黒い森だった。
色が濃くてね。

かつてのワシントンハイツ地区、現在の代々木公園を歩く。
「ここに中学３年生の俺が立っていたんだね」（遠藤貴也氏撮影）

プロフィール
やまもといちりき　昭和二十三年、高知県生まれ。都立世田谷工業高等学校電子科卒業。旅行代理店・広告制作会社勤務などを経て、平成九年『蒼龍』でオール讀物新人賞、平成十四年『あかね空』で直木賞を受賞。著書に『ワシントンハイツの旋風』『だいこん』『たすけ鍼』などがある。

――高知から上京して、渋谷区富ヶ谷の新聞専売所で住み込み配達員を始めたのは、中学三年の春だそうですね。

山本◉昭和三十七年五月二十二日、東京駅到着です。先に上京して専売所の賄《まかな》いをやっていた母親から、富ヶ谷の住所は教えてもらっていたけど、「とみがや」とも読めなくてね。「とみがたに」とか言いながら人に聞いて、なんとか代々木八幡の駅で降りた。八幡の商店街沿いに専売所があってね。隣が下駄屋さん。向かい側が米屋で、その米屋の隣が豆腐屋

という。この辺の連中は皆、上原中学校の同級生ですよ。

新聞を配っていたエリアというのが、大山町と西原全体、それからワシントンハイツ。専売所からちょっと歩いていったらフェンスがあって、今の代々木公園から岸体育館の辺りまでが丸ごとハイツだった。渋谷のど真ん中にアメリカがあったんだから。もう完全な街でね、教会も映画館もあった。日本人はあまり車なんて持ってなかった時に、この中を走っていたのはパステルカラーのアメ車だったんだよ。親しくなったロバートさん一家に招かれて家に入ったら、とにかくテレビがでかい。あれには圧倒された。

ロバートさんには、ビルとゲリーとメリージョーの三人の子供がいて、一緒に遊びたいからもう必死で走って新聞を配り終えました。英語を教わったのも彼らから。なかに何度言われても分からない単語が二つあった。一つは「ピザ」。ピッツァ、ピッツァって言って説明してくれ

昭和32年4月頃。奥に広がっているのがワシントンハイツの敷地(小田急電鉄株式会社提供)

るんだけども、食べたことがないからイメージが湧かない。彼らから教わって食べて、ああ、うまいもんだなというのが分かった。もう一つは、「キデイランド」。日曜の午後、遊びに行ったら、今からそこに行こうという。一緒にハイツを横切って、反対側のゲートを出たら、ちょうどそこだったんだね。日本のおもちゃ屋さんとは全く違っていた。俺は今でも覚えてるんだけれど、彼らは軍票で買い物をしていた。あの時代はよっぽどアメリカの国力が強かったんでしょうね。

——明治神宮との御縁はその頃からでしょうか。

山本●参宮橋がある西参道じゃなしに「表参道」というのがあると知ったのは、ゲリー達にキデイランドに連れていかれた時ですよ。富ヶ谷の連中は原宿の方へ行くことってまずないから。神宮へのお参りの仕方というのも、参宮橋から行くもんだと思っていた。俺はそう教わったしね、地元の人達に。明治神宮っていうのは、あのハイツの向こう側にあるんだよという話で。

今思うと、初詣にも行ってるんだよ。元日の朝刊を配ったら、三日まで丸一日半休みなんです。これはもういきなり時間が空いちゃうわけだから、何をやっていいか分からない。よし、初詣に行こうやということで。ハイツの中からも、神宮の森っていうのはちょっと高い所へあがると見えた。見晴らし台のようなものがあってね。ゲリー達は「メイジ・シュレーン」という言い方をしていて、あそこがそうなんだよとよく眺めていましたよ。

不思議なのは、自分がハイツで過ごしたのはほんの短い時間なんです。東京オリンピックの選手村に転用するので、昭和三十八年にはハイツの住人は全員、調布市飛田給の「関東村」に移住してしまったわけだから。だけど、いろんなものをここで吸収した。旅行代理店に就職して、アメリカへ初めて添乗した時ね、ホテルのワックスの香りが、ハイツのあの家で嗅いだ香りと全く同じだった。ああ、俺、この香りを知っている、蘇ってくるんだよね。忘れられない。

——先生の東京生活の出発点が富ヶ谷ですね。

山本◉あの頃に雑誌のペンパル募集を見て文通を始めた、アメリカのパムさんとは今でも続いてますよ。一度も会ったことはないけれど。思えば、ハイツに新聞を配るのを自分から願い出たのも、まさにパムに手紙を書くのに、英語を覚えたかったから。実は、二十年くらいやりとりが途絶えていたんですよ。それが六、七年前かな、フッとどうしてるかなと思って。医者になると聞いていたから、ひょっとしたらとインターネットで検索してみた。ダーッと出てきた中から、こ

新聞配達を続けながら学校に通った毎日。恋も覚えた富ヶ谷時代

れじゃないかと思う人にメッセージを残したわけ。そしたら二日後かな、夜中にファックスがカタカタと動き出して、「イエス、イッツ・ミー！」って。嬉しかったたね。そういえば、明治神宮で授かったお守りをパムに送ってるんだよ。「これは俺が住んでいる近所のメイジ・シュレーンという神社のお守りだよ」と書いて。ひょっとしたら今も持っているかもしれないね。

東京暮らしのスタートはここですから、何もかもがものすごく貴重です。あの頃、街はオリンピックへ向かって走り出していて、通りの端から端へ万国旗が渡っていた。上京したのが五月の下旬で、夏を向いて季節がどんどん元気になっていた。フェンスの内側のハイツの芝生も緑だし、その奥にある神宮の森は、もう黒い森に近かった、色が濃くてね。オリンピック開幕の三十九年十月十日、ジェット機が空に五輪の輪っかを描いたのを、俺は代々木上原の駅で見ていたんですから。本当に、富ヶ谷というのは自分にとって、高知とはまた違う、ふるさとのようなところだと思っています。

明治神宮武道場での稽古の日々

森 泉●ファッションモデル

日曜日の朝は、
神宮で合気道。
それが家族の習慣でした

久しぶりの明治神宮武道場「至誠館」へ（遠藤貴也氏撮影）

プロフィール
昭和五十七年十月、東京都港区出身。日本人の父親と英国とイタリア系アメリカ人の母の長女として生まれる。慶應義塾大学幼稚舎・中等部を経て、米国留学。平成十三年にヴァーモント州にあるパットニー高等学校を卒業後、帰国。十九歳でモデルデビューし、第四十八回FECモデル・オブ・ザ・イヤーを受賞。父方の祖母はファッションデザイナーの森英恵氏。五人兄妹の三番目。

――至誠館の門人名簿を見ますと、昭和六十二年、四歳で入門と記録があります。

森◉たぶん、幼稚園の頃でした。お兄ちゃんがまず入門して、それから兄妹五人がみんな。思い出すと懐かしいです。この間、その頃の道着を出してみたら、すごくちっちゃいんですよ。うちはお古をどんどん下に受け渡していったから、まずお兄ちゃん二人が着て、それが私に回ってくる。だから、道着の背中の名前を見ると、「森研」、×。「森勉」、×。「森泉」っ

森家五兄妹と父・顕氏(左から3人目)。至誠館館長の稲葉稔氏(中央)とともに。森泉氏は右から2人目

て(笑)。一番下の妹の星の時には、もう×、×、×、×です。私たちの稽古を見ていた父も道場の先生に勧められて門人になりました。今は、剣道科のほうでもやっているみたいで、昨日も電話がかかってきたら、後ろのほうで「エイッ」とか「ヤーッ」とか声がする。父は、もう人生の半分ぐらいは道場にいるんじゃないかという感じです。

父は基本的に習い事は、何か興味があってやりたいといったらすぐにやらせてくれたんですけれど、合気道だけはもう強制的でした、「やれ」って。日曜日の朝は、毎週稽古です。最初は嫌でたまらなくて、おじいちゃんに道場まで連れてこられたりして。終わると、母が必ず待っていてくれるんですよ。「もうやりたくないよ」と泣きながら抱きついたのを覚えてます。だけど、振り返ってみると、こんなに長い間一つのことをやっていたことってないんですよね。私、飽き性なので、ほかの習い事にしても全部途中でやめちゃって。

合気道では黒帯をとろうっていう皆の目標があったんです。黒帯になると袴が穿ける。やっぱりかっこいいんですよ。だからそれまで頑張ろうって。高校からアメリカに行ったので稽古は続けられなくなったけど、十六歳まで十二年間通ったんですもんね。今、たまに乗馬をするんですけれど、それこそ馬から落ちた時も受身が自然とできたりする。身体に染み込んでいるんですね。

今日は外で稽古だというので、先生について皆で走ったり、宝物殿を見に行ったり。面白かったなあ。大掃除の後の餅つきも楽しみで。その時の仲間とは、今でも連絡を取り合っています。

――お母様のパメラさんが、至誠館開設二十周年記念誌（平成五年）に、「〝がんばれ〟至誠館」という文章を寄稿くださっています。毎日曜日に稽古に行くのが、「我が家の習慣」になったそうですね。

森◉稽古は朝十時からだったので、早起きして、向かう途中のドーナツ屋さんで皆で朝食をとって。それもまた楽しみでした。宝物殿前の芝地では家族でピクニックもしましたし、兄妹だけで子供会議を開くこともあった。寒い冬の稽古の後に母のことを待っている間、あったかい受付に入れてもらって、こっそりクッキーを御馳走になったことも。本当に、明治神宮には家族の思い出がいっぱいです。

――表参道は泉さんにとってどのような場所ですか。おばあさまの森英恵さんのハナエモリビルもありますね。

森◉表参道に住んでいたこともあるんです、小さい頃であまり覚えてませんけど。ハナエモリでは母が一時仕事をしていた

時もあったし、道を挟んだ向側にも会社があったのでよく通いました。近くのクレヨンハウスで母の仕事が終わるのを待っていたり。表参道は、私にとって安心できる場所、落ち着くんです。今でも友達との待ち合わせはここですし、買い物も基本的に表参道とか原宿からあまり出ないんですよ。

いつ歩いていても新しい発見がある。だから飽きない。飽きさせないアイデアがあるんでしょうね。見ているとこちらにもアイデアが湧いてくる。日本には日本のいいところがあるので、海外の真似ではなくて、これからも海外が真似できない魅力的な街であり続けてほしいです。それこそ明治神宮の参道ですもんね。私はアメリカから友達が来るときには、必ず明治神宮まで連れてくるんですよ。

高校時代はアメリカにいましたが、自分が暮らすのは日本だと思ってます。私の人生の全部がここにあるし、それにやっぱり日本が好きなんですね。父も高

稲葉稔館長と再会（遠藤貴也氏撮影）

校からアメリカに行っていたので、結構インターナショナルな感じだったんですよ。でも、だからこそ至誠館で日本の伝統や礼儀を学ぶことが大切だと思ったんじゃないかな。茶碗に御飯粒を残したら、お百姓さんに申し訳ないとかよく叱られました（笑）。ポケットに手を入れて歩いていてもすぐ怒りましたし、足腰を鍛えるために、エレベーターを使うなとか。家は四階なんですけど。田中茂穂名誉館長や稲葉稔館長から、父は相当影響を受けて、それをそのまま私達の子育てに実践してたんじゃないかな。

私も、「我慢すること」を道場で学んだ。正座で長時間座るとか、最近は出来ない人も多いかもしれないですよね。至誠館に無理矢理にでも連れて行った父に、今は有り難いなという思いがすごくありますね。私も子供ができたら、絶対通わせたいなと思ってます。それにはまず、自分がまた稽古をやり直さないといけませんけど。

4

神宮復興とその時代

プロフェッショナルの視点

山崎 貴

やまざきたかし　昭和39年長野県生まれ。『スター・ウォーズ』と『未知との遭遇』に出会い、特撮の道を志す。阿佐ヶ谷美術専門学校を卒業後、CGプロダクション白組に入社。伊丹十三監督作品『大病人』『静かな生活』等でSFXやデジタル合成を担当。平成12年に『ジュブナイル』で監督デビュー。平成17年公開の『ALWAYS 三丁目の夕日』で、日本アカデミー賞はじめ各賞の作品賞、監督賞を受賞。同作では、建設中の東京タワーを象徴として、昭和33年の東京とそこに生きる人々のひたむきな姿を、最新のCG技術を駆使して見事に描き出した。

4-1

昭和三十年代のエネルギー

◉生活

映画「ALWAYS 三丁目の夕日」は、昭和三十三年という時代自身が主人公でした

タイムマシンを作ろうとしていたんですよ、絶対もう会えないはずの昭和ともう一度会うというテーマで。もう劇場ごとタイムマシンになって、お客さんがワーッとその世界に飛び込んでいけるような。一作目のほうは特に、昭和三十三年という時代自身が主人公になっています。三十年代ブームというのがありましたよね。地方の商店街が少し昭和っぽくリニューアルして観光客を呼んでいるとか。「タイムスリップ・グリコ」というのもあったな、昭和の頃のオマケが入っている。いろんなところで同

時多発的に昭和のブームがポコポコっとあったんですよ。ただエグゼクティブ・プロデューサーの阿部秀司さんが言うには、「コアがない」と。全ての昭和ブームみたいなものをまとめあげる一番中心になっているものがないから、大きなムーブメントになっていないというんです。だったら映画を作っても無理じゃないかということなんだけど、「ばかやろう、コアを作るんだよ」と（笑）。

この阿部さんというのが、昭和二十九年生まれなんです。東京タワーが出来るのも見たし、あの時代の映画をどうしても作りたいと言い張っていたのは彼。ところが、僕は昭和三十九年の生まれですから、その「時代のコア」を知らない。関わったスタッフもそう。だけど、これは結果論かもしれませんが、知らないことを自覚しているからこそ、一生懸命探すんですよね。事実面は、本を読んだり資料を見ればわかる。「あった、あった」というのは調べようがあるじゃないですか。だけど、見た人に「こうだった、こうだった」といってもらえるものにしたかった。それには取材するしかないですよね。だから、近所の飲み屋に行って隣の昭和っぽいおじさんと話したりとか、出資者の方々にもそれなりのお歳の方が多かったので話を聞いて。なんか権威の人に聞くんじゃないなと思っていたんですよ。それぞれの個人の気持ちの中にある時代って大事ですから。面白かったのが、皆「自分の家に一番最初にテレビが来た」と言うんですよ、そんなはずはないんですけど。でも、それだけテレビが来たことが大きな出来事だったんだということがよく分かった。

未来に向かうエネルギーがすごい。僕達も頑張らなきゃなという気持ちになります

監督って、ものすごい量の「イエス」「ノー」を言い続ける仕事なんですよ。衣装はこうで、家具はこうでと一日に何千回もの質問に答えながら映画の輪郭を掘り出していく。その時に、あまりにも昭和のことを知っている人だと懐かしくてたまらなくて、何を見せられても「いいね」と言っちゃうかもしれない。僕だともう少しドライに突き放せるというか、ウエットになりすぎない。「それは時代のアイコンになっているか、より多くの人がそれに対して時代を感じられるか」ということをすごく大事にしていたので。それが今回に関してはうまい具合に作用し

映画『ALWAYS　三丁目の夕日』では、
建設中の東京タワーや上野駅、東京都電など
当時の東京の街並みをミニチュアとVFX（CG）で見事に再現した（遠藤貴也氏撮影）

て、「昔は良かった、それに比べて今は」というような話にならなかったのではないか。
あの時代を知る人達の話を聞いたり読んだりすることで、僕が一番思ったのは「負けていられないよな」ということでした。ひどい状況じゃないですか。子供達は皆戦争を経験しているんですよね。何も無くなっちゃって、それぞれがかなり壮絶な体験も背負っていて。でもそういうことを意識しないでというか、無理矢理にでも明るくなって「これからはなあ」とやっているというのは独特な時代だと思うんですよ。未来に向かうエネルギーがすごい。僕達も頑張らなきゃなという気持ちになりますよね。それが素直に出ているんじゃないかと思います。

知らないのに懐かしい。世代を超えた記憶の遺伝子を受け継いでいるみたいな不思議な感触

あの映画の当初のターゲットは、その近所の飲み屋のおじさんみたいな団塊の世代だったんです。でも意外なことに、それより下の世代、若い人達の動員もかなり伸びました。「知らないのに懐かしい」という表現をよく聞いた。僕は、それは多分DNAに含まれているものなんじゃないかと思うんです。自分は生まれていないけれど、両親やおじいちゃん

月光仮面のコスチュームで七五三。昭和33年11月の明治神宮にて。
『月光仮面』は、夕方6時からのテレビ番組として昭和33年2月にスタートし、子供達を夢中にさせた

やおばあちゃんがその時代を確かに生きていたという、感触としてまだ繋がっているぼんやりとしたイメージがある時代。それにある種はっきりとした形を与えることによって、「ああ、こうだったのか」と。後天的な遺伝子ですよね。世代を超えたというか、親からの記憶の遺伝子を受け継いでいるみたいな不思議な感触ってあると思うんですけど。それを奇しくも呼び起こすことができたのではないか。

そういう道先案内役というのも映画監督という仕事の一つだと思うんです。ある時代の物語だとしたら、自分がガイドになってその面白さを紹介するという。それにはまず、自分が何がどう面白いのかをすごく意識しないといけない。僕、伊丹組だったんですよ、随分長いこと。伊丹十三監督は、税金の話とかお葬式とか、誰も手をつけない所に向かう人で、それをちゃんとエンターテイメントにする。翻訳能力が高いんですよね。僕のスタイルは、みんなが掘り尽してきた残り物の中から何かもっと面白いことを、本当の鉱脈を見つけることかもしれないと最近思うんです。それは『ALWAYS』をやってみて、発見できたこと。実は、それまではSFを撮りたかったから、昭和の映画は寄り道のつもりだったんです(笑)。それが作っていくうちに、これは面白いぞと。興味が広がった。次は、絶対SFをやるはずが、今撮っているのは、時代劇、戦国時代ですよ。これは三十三年よりもっとタイムマシン。

生き死にが身近にあった時代というのに興味があるんですよ。それを日常のものとして受け止めていた人達の気持ちに迫ってみたい。そういう意味で、戦争中の映画、特攻隊の人達の映画にも関心があります。本当に軽々しく扱うテーマでもないし、エンターテイメントにしていいのかというのもある。でも、立派じゃないですか。あの時代の僕らより全然若い人達が、表面的なことだけではこれは書けないなという文章を残していますよね。特に戦後は、「日本は駄目でした」という教育をずっと受けてきた。でも資料を調べてみるとそれだけではない感じがある。そこを僕達の世代が掘り起こしておかないと、「日本は駄目でした」、永久にそれだけになっちゃうと思うんですよ。僕は別に右翼とかじゃないんですけど(笑)。でも、おこがましい話ですけれど、その感覚って僕らの世代じゃないと持てない感覚だと思うので、いつか向き合いたいテーマだと思っています。

藤岡洋保

ふじおかひろやす　昭和24年広島県生まれ。東京工業大学大学院理工学研究科修了。工学博士。

現在、東京工業大学大学院理工学研究科教授。日本近代建築史を専門とし、

「空間」や「伝統」「保存」等の概念と建築デザイン・思想との関係についての研究に携わる。

主著に、『堀口捨己の「日本」』、『近代の神社景観』、『清家清』（いずれも共編著）がある。

4-2

建築家 角南《すなみ》隆《たかし》の最高傑作

◉建築

明治神宮は、近代最高の神社建築家・角南 隆が細部まで手がけた建築史上極めて優れた建築です

私は、復興された明治神宮の社殿は、日本の近代神社建築の傑作だと思っています。そしてその造営を指揮した建築家・角南隆氏こそ、日本の近代最高の神社建築家です。

角南氏は、大正四年に東大建築学科を卒業した内務省技師で、大正時代の明治神宮創建時にも設計陣の一人として関わっています。大正末期から昭和戦前にかけては国の神社建築行政の中心人物でした。全国に角南隆設計という神社は多いですが、忙しい

方ですから、部下に意図を伝えて設計させたものがほとんどです。でも、明治神宮の戦後社殿は違う。彼が細部まで全部設計を手がけた、建築史上極めて貴重なものなのです。

　では、なぜ角南隆氏が、最高の建築家なのか。それは、現代における神社建築とはどうあるべきかについて、彼ほど真剣に考え、それに対する回答を提示し、実践した人は他にいないからです。そしてその彼の提案は、非常に納得がいくものだった。明治神宮の復興で、彼が問うたのは、国家の管理から離れ、大衆の信仰によって維持されるべき神社となった今、明治神宮の社殿とはどうあるべきか、ということでした。

徹底的な合理性とともに、ディテールまで神聖な雰囲気を醸し出すための配慮

　角南氏は、まず明治時代の神社の設計規格である「制限図」を批判し、その影響下で造られた創建時の社殿の問題点をあげました。「制限図」というのは、官国幣社の社格に応じて、社殿の規模や様式、配置を規定したものです。これについて、国家が神社の様式やスタイルを規制したものだと考える研究者もいますが、私に言わせれば違います。要するに、お役所的発想なんですよ。社殿の規模を抑えつつ予算を公平に配分するための原則で、そこには神社建築はどうあるべきかという発想などないわけです。

　「制限図」では本殿の前に中門があり、そこから本殿を囲む透塀が延び、そして中門の前に拝殿が建つ。戦前の明治神宮の社殿配置も、この制限図式に似ています。これが角南隆氏に言わせれば、まず機能性への配慮がない。例えば、神様へのお供えを作

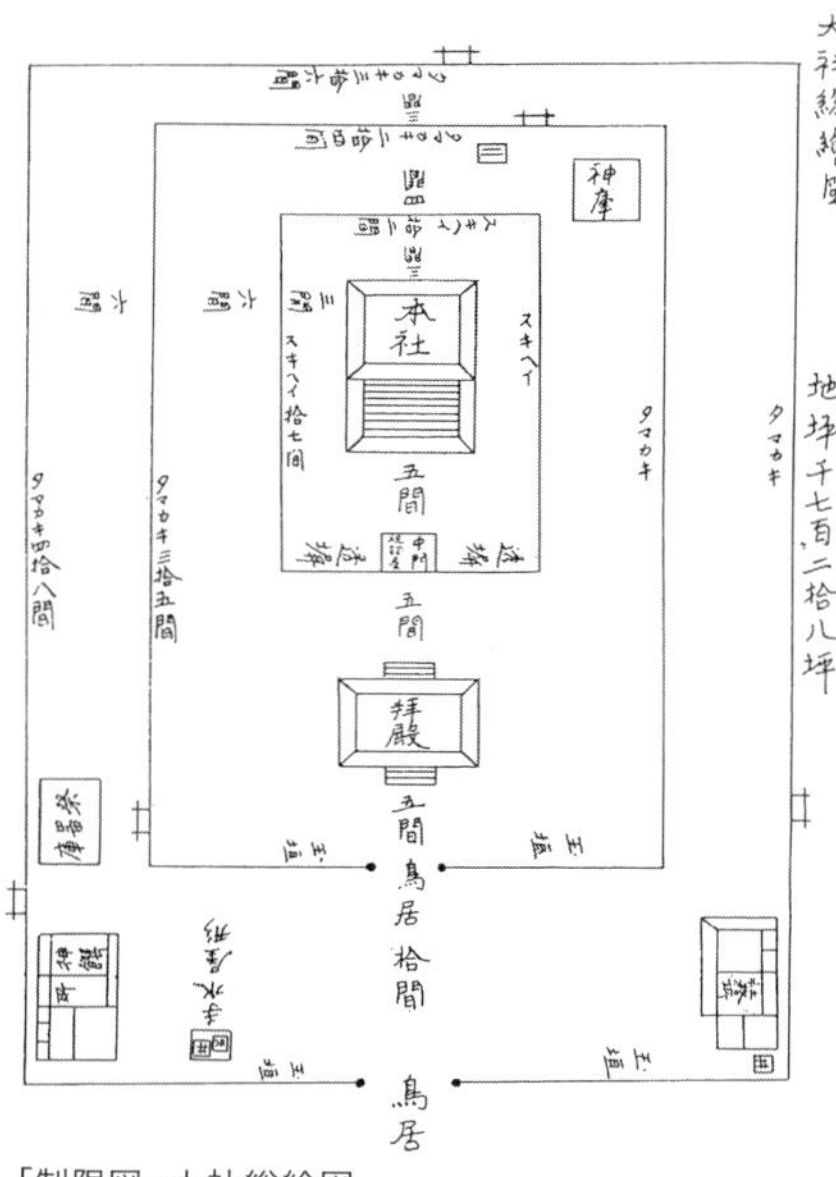

「制限図・大社総絵図」
（神社本庁所蔵、谷重雄寄贈史料）

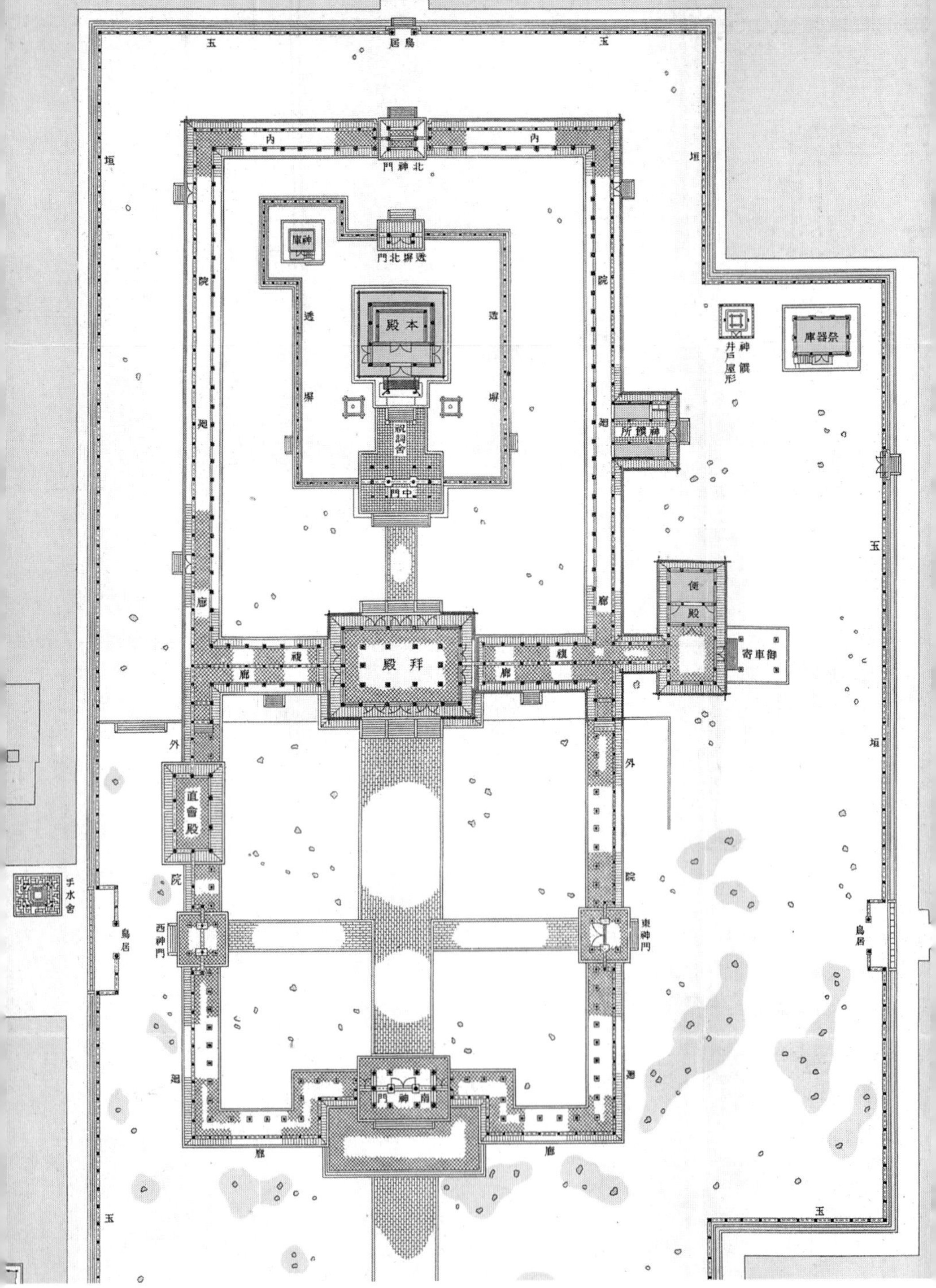

創建時の明治神宮社殿配置図（『明治神宮造営誌』より）

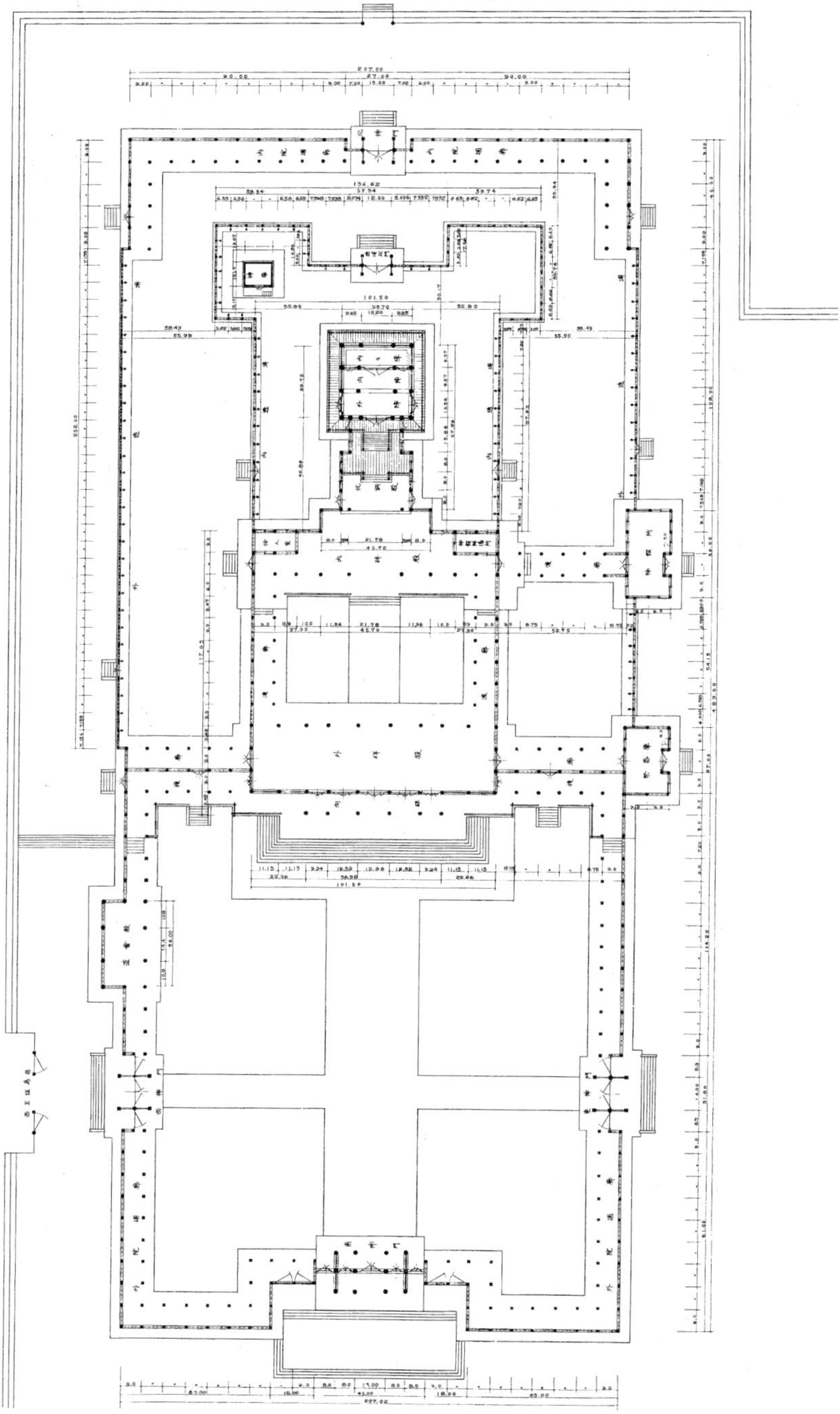

復興時の明治神宮社殿配置図

る神饌所と本殿が通路でつながっていない。非常に不便です。使い勝手を考えた設計ではないと彼は批判した。そこで新社殿では、神饌所と拝殿の間に渡廊を造りました。さらに、祭祀がやり易いように、拝殿と祝詞舎の一体化を図ったりしています。

　このような機能的な要請を満たすとともに、大事なのは宗教建築だということです。拝殿でお参りする時に、神様がそこにいらっしゃるのだなということが感じられて、自然に頭が垂れるような形にするべきだと。ところが、「制限図式」では、中門に遮られて拝殿から本殿が見えないわけです。そこで角南氏は、従来の中門の場所に拝殿を造り、これを神職用の内拝殿とし、本来あった拝殿を一般参拝者用の外拝殿にするという、戦前に彼が大規模神社のために採用した手法を導入します。彼は拝殿を重視したんですね。角南氏は立ちの高い和風建築をよしとしたので、外拝殿の高さは旧拝殿より高いのですが、本殿とのつりあいを考えて床を三十センチ下げています。そして軒下に吹き放ちの礼拝の場を設けるなど、参拝者への配慮をしています。

　同時に、本殿の屋根だけに千木《ちぎ》や堅魚木《かつおぎ》を載せて、他の社殿との差別化をしています。旧拝殿との大きな違いは、屋根勾《こう》配《ばい》がきついことです。そ

昭和33年11月、復興遷座祭を迎えるばかりの新社殿。屋根の連なりは、社殿を華麗に見せるために角南氏が好んだ手法。御本殿だけに千木、堅魚木がつくのも角南流

れから、複数の屋根の連なりで全体が群になって見えるという華麗な構成、これは角南氏が好んだ手法です。つまり一番重要な建物の屋根が一番高く認識される。ディテールにまで神聖な雰囲気を醸しだすための配慮がなされている。

和風建築を評価するにはそういう細部を見るデリカシーが必要なんです。逆に細部を見るという意識がなければ設計者の意図は分かりません。近代の和風建築に注目しない人が多いんですが、いいものはいいんです。それは認めなくてはいけない。

明治神宮は、日本の近代化の過程を見事に体現している建築群である

是非皆さんにお願いしたいのは、宝物殿と外苑の聖徳記念絵画館を含めた全体を明治神宮の建築として認識していただきたいということです。別物ではなく、私に言わせれば一体です。宝物殿は、鉄筋コンクリートで和風表現に挑戦した建物。中央の十四・五メートル×二十九メートルの大空間の展示室ですが、中に柱が一本もないんです。これは当時としては大変なことなんですよ。それが建物全体が支柱（ピロティ）で持ち上げられている。鉄筋コンクリート自体がまだ珍しかった大正中期に、かなりハイレベルの工事をしているんです。

絵画館で注目されるのは、玄関ホールのドーム型の屋根です。あのシェル構造は当時、世界でも最先端なんですよ。御社殿と合わせてこれらの建築全部を一緒に見ることによって、明治神宮が何であるかよく見えてくると思うんです。それは、明治天皇の位置づけにまさに関係しているのではないか。日本の近代化をリードする存在として位置づけられたとともに、伝統の継承者でもある。この両義的な存在を、明治神宮の建物は象徴しているのではないか。建築史の観点から申し上げるなら、明治神宮は、日本の近代化を象徴する建築群だと私は考えています。

重要文化財は築五十年以上が対象ということなんですが、復興五十年ですから、明治神宮社殿はこの条件を満たすことになるわけです。そして当初の建物、特に南神門などを含めて文化財に十分値する建造物だと思います。歴史的価値・建築的価値が非常に高いのだということを、是非、多くの人に知っていただきたいですね。

陣内秀信

じんないひでのぶ　昭和22年福岡県生まれ。東京大学大学院工学系研究科修了。工学博士。現在、法政大学デザイン工学部教授。『東京の空間人類学』で、サントリー学芸賞を受賞。東京やヴェネツィアなどのイタリア諸都市を研究フィールドとし、都市の構造を読み解く活動を展開している。『地中海世界の都市と住居』『南イタリア都市の住居空間』など著書多数。日本の都市分析に比較の視点を導入し、街づくりの分野でも活躍。

4-3

都市空間「原宿」の魅力

◉都市

原宿には圧倒的に人を惹きつける初期条件があった

盛り場という言葉がありますね。商業の集積でもあるし、娯楽・ファッションといった文化的な刺激もある繁華街。東京では、戦後復興が進んだ一九六〇年代には、ターミナル盛り場が新宿・池袋・渋谷辺りに栄えます。そこは、どちらかというとサラリーマンの男社会が基調となった本当に雑多で猥雑で、だけど活力があってという場所。それに対して七〇年代終わり頃から若者達の文化の発信地となったのが、渋谷と原宿です。渋谷ではかつての盛り場的ベースの上に全く違う街づくりの手法や感性が入った。それが西武やパルコですね。しかし、原宿はそういうベースが無いところで、全く特異な発展をする。これは従来の盛り場とか繁華街という言葉では捉えきれない都市空間です。

原宿には圧倒的に人を惹きつける初期条件があった。それは、大正時代に計画道路が明治神宮の表参道として作られたことです。その思い切りの良さ（笑）。当時に空間の軸をバシッと造ることができたから、これが後々功を奏するんです。それと欅並木。そもそも盛り場には並木道がない。逆にあると、看板やサインの邪魔になりますから。もう一つ繁華街と異なるのは、住むという文化。繁華街は商業に特化した場所で、居住空間ではない。原宿にはどっちもあるんです。集合住宅の歴史から見ても、表参道は面白い。

この初期条件を決定付けたのは、大正十二年の関東大震災後にできた同潤会青山アパートですよ。同潤会アパートは他所にも多数ありましたが、ストリートを意識して造られたものは青山ぐらい。今でこそ都心に住むのが人気ですが、その元祖ですね。付け加えれば、表参道沿いは高級住宅地でしたから最初に割られた敷地の規模が大きい。それがその後も、ゆったりとして質の高い建物ができることに繋がります。だから、広くてパースペクティブな空間に並木があって、しかもゆったりとした土地利用。こんなベースがあって発展した都市空間は、日本にはほかにないですから。

七〇年代末に花開く原宿文化の種は、裏通りに育っていた

戦後、ワシントンハイツとオリンピックの影響で、異国情緒のある街の魅力が醸成されたと言われていますね。

アメリカ文化の流入の一方で、ヨーロッパ風の集合住宅が原宿に登場するというのが重要です。つまり都心に住む、そして住む雰囲気を楽しむ。そこでは建築デザインが重視されます。集合住宅の一階におしゃれな店舗が入る。この組み合わせ、これはヨーロッパスタイルです。セントラルアパートや原宿アパートができたのが一九五八年、コープオリンピアが六四年、これは随分早いです。表通りのおしゃれな雰囲気を楽しみながらショッピング、そしてカフェでひと休み。六〇年代、いわゆる盛り場全

表参道には日本と西洋がある。昭和20年代のある日（原宿表参道欅会提供）

盛期で新宿とかが頑張っている時に、ここは全く突出していた。そこにセンスのいい人達が惹かれたんでしょう。

だけどこのままだったら、おしゃれを楽しむ余裕がある一部の裕福な人のための街で終わっていた。七〇年代末に花開く原宿文化の種は、実は裏通りに育っていた。経済力のない若いクリエーター達は裏に着目した。小さなアパートに住み着いて、そこを工房やお店にしちゃうということを七〇年代前半から始めていたわけです。それが竹下通りの大ヒットに繋がった。

さらに原宿がすごいのは、ここで留まらずに新しい展開をどんどんしていっちゃうところ。例えばキャットストリート。何でもない普通の木造二階建てアパートを転用して、凝ったお店にしちゃうという日本初の現象がやってきた。面白いのは、ここは道のレベルが周りの宅地より高いんですよ。しかも通り沿いに玄関がない。元々渋谷川だったものを暗《あん》渠《きょ》にしてできた通りですから。準備された近代建築、都市づくりのセオリーに全部違反している。むしろそれを楽しむセンスが出てきた。都市空間プログラムの新しい展開です。一本入ると迷宮のように小さな店があちこちにあって、そこに回遊性が生まれる。大資本家ではなく、さまざまなプレイヤーが複合的な刺激を求めて創り出していった街なんですね。

生産性が低いものがいられなくなると、街は死んでしまう

ここ十年ぐらいの変化でいうと、青山からの流れに着目しています。みゆき通りがありますね、ブティック街。この役割が大きいと僕はにらんでるんです。青山発のものが成功すると、メジャーな表参道に入ってくるという。

東京のブティック街というのは、大きく三つあった。一つがこのみゆき通り。ここは一九七五年のフロムファーストから始まった。そして七八年にはヨックモック。いずれも中庭がある、地中海的なんです。だけどミラノとかのブティック街は、建物が壁を共有していて、その一階にズラッと入るわけですが、ここは丸ごとブティック建築。全く斬新な新しい感じを提示した。

二つ目が丸の内の仲通りで、ここはオフィスビルの一階にブティックがやってきた。これが大成功し

た。三つ目が銀座の並木通り。銀座だけど表じゃなくて裏通りという、これも新展開だった。それが二〇〇〇年代に入って、全部様変わりするんです。いわばメジャー展開。丸の内は、新丸ビルのような再開発の複合ビルに。並木通りのブティックも銀座の表に出てきた。これが信じられないくらい堂々と銀座を席巻している。

　そして青山みゆき通りのメジャー展開というのが、表参道への進出です。その最初が、スペインの建築家ボフィルが作った青山パラシオビル。グッチが入っている。女性の文化主導力、牽引力というのはすごい(笑)。それぞれの時代に新しい手法が入ってきて、どんどん質が変わっていく。だから今もこんなに活気があって飽きさせない。今でもダントツに魅力的な街づくりに成功しているのも、やはり明治神宮の参道という絶対的な軸を中心に、安心して伸びていくことができるからでしょう。

　最近の汐留やミッドタウンなどは、歩行者空間を全部取り込んで自己完結している。既存の裏道との複合性がない。テナント料も高いので、若いクリエイティヴなエネルギーはそこからはじかれちゃうんです。だけど、生産性の低いものがいられなくなると、それでは街が死んじゃうと思うんです。それからタワーマンションではない都心居住の追求も大切です。時代時代のプレイヤーの重なり、時間経験の重なりが生み出す、この場所の奥深さと多様性をこれからどのように方向付けていくか、原宿が生き生きとした街であるために考えていきたいですね。

（取材協力・ペローラアトランチカ）

法政大学の教え子、鈴木暁子氏とともに原宿を歩く。
原宿をテーマとして修士論文をまとめた鈴木氏には、今回の陣内秀信氏のインタビューにも協力をいただいた
(遠藤貴也氏撮影)

日下公人

くさかきみんど　昭和5年兵庫県生まれ。東京大学経済学部卒業後、日本長期信用銀行入行。

昭和58年同行取締役。60年日本長期信用銀行取締役退任。多摩大学院教授、
社団法人ソフト化経済センター理事長、東京財団会長等を歴任。現在、社会貢献支援財団会長。

『「道徳」という土なくして「経済」の花は咲かず』『独走する日本』など著書多数。

経済評論家としての言論を通して、日本人に誇りと勇気を呼び起こす。

4-4

復興の底力と日本精神

◉精神

B29は街は焼いても、日本人の精神までは焼くことができなかった

昭和二十年に私は数えで十五歳、尼崎にいました。川西航空機が海軍戦闘機の紫電改を作っていたんですが、鳴尾飛行場をブンブン飛んでいるのを見上げていました。焼夷弾が、私の家にも三回落ちてきた。油脂焼夷弾といって、油の固まりがワッと飛び散って燃え上がるんです。それを、隣近所の十何軒がみんなで消し止めて。だから、助かった。今でも覚えているのは、空襲で見渡す限り焼け野原になっても、翌日の朝にはその中を電車が走っていたん

です。公共資本を見ると、国家を感じます、「日本という国はまだ続いているんだ」と思った。これは、今から三十年ぐらい前に中国とインドへ行ってみた時にも痛感しました。中国へ行くと国家を感じない、しかしインドへ行くと感じる。これはやはり、インドはイギリスが治めたから、ちゃんと役所があって、病院があって大学がある。植民地だって何だって、インドでは国家を感じる、中国では感じない。

空襲から一夜明けたら電車が走ったというのも、それは、鉄道で働く人が、家が焼けても会社に来たからです。焼け出された人に握り飯を食わせるとか、そういう活動も翌日からありました。それは阪神大震災の時でも、時の村山首相は寝たきりで

昭和33年11月、明治神宮復興遷座祭を祝って高々とあげられたアドバルーン

起きてこなかったけれども、一般の病院やコンビニは、「すぐに神戸を目指せ」と社長命令で走った。敗戦後の日本がすぐに立ち直ることができたのは、そういう倫理道徳がきちんとあったからですよ。B29は街は焼いたが、日本人の共同体精神までは焼くことができなかった。

復興の底力となったのは、教育勅語の相互扶助精神

日本がすごいと思うのは、あれだけ徹底的にやられたのに、十年経つと元に戻ったことです。中学三年の時に戦争が終わって、十年間闇市の時代があって、その間一日一日変わっていくのを私は全部見てきました。ちょうど昭和三十三年頃には、昔に戻ったんじゃないかな。分かり易い例をあげると、その頃会社に軍靴を履いてくる人がいなくなった。二十八年ぐらいまでは、まだ軍服に軍靴のサラリー

マンがいました。三十二、三年には、みんな新しく背広を買ってくるようになった。あの頃生活は苦しかったのに、明治神宮再建のためにみんなでお金を集めたということに感銘深いものを感じます。もう一回明治天皇の時代に戻って、日本をやり直そうという気持ちが強くあったんです。戦争はもうしないけれど、経済で発展して「今度こそは負けないぞ」という。その底力になったのは、教育勅語です。

あの結びが、「朕爾臣民ト倶ニ、拳拳服膺《けんけんふくよう》シテ、咸《みな》其徳ヲ一ニセンコトヲ庶幾フ。明治二十三年十月三十日御名御璽《ぎょめいぎょじ》」。「昔からのいい教えだから、天皇も守る、国民も一緒にやろう」というのだから、全然強制的でないわけでしょう。こんなに民主的なのは、世界中にないんですよ。それを子供の時に聞いているから、社長が訓示する時でも、あるいは大臣でも自然にそうなる。「一緒にやろう」、相互扶助の精神なんです。これが底力です。マッカーサーは教育勅語を廃止せよとは言ってないんです。日本人の程度の低いインテリが国会に集まって勝手に議決した。インテリが駄目。私が何のために東大に行ったかというと、「インテリはばかだ」と言えるようになるため（笑）。その点一般国民はえらい、ちゃんと覚えていた。

教育勅語がどこから来たかというと、江戸時代の石田梅岩の心学です。その石田心学の基は、神道なんです。神道から道徳を説いた。梅岩という人は特別偉い人でもないんだけれども、その心学塾がヒットして百姓も町人も武士もみんな通った。ということは

明治神宮復興遷座祭の日。この日を待ちわびていた多くの参拝者が集まった

みんなに下地があった。それが日本精神なわけで、私はこの日本精神がこれからの世界をリードするといっているんです。

「日本精神がこれからの世界をリードする」

戦後復興の過程で日本人は自信を回復してきました。私は、この自信回復は三階建てになっていると思います。一階は経済、二階は外交・防衛で、そして三階が道義や精神。戦争が終わって十九年目、昭和三十九年の東京オリンピックの時には、もう経済は元より良くなって、二十五年目の大阪万博の時にはアメリカに追いついた。オイルショックは、アメリカが「大変だ」ということで日本潰しに仕掛けたものです。それを日本は省エネ技術でクリアした。それができたのは、戦争に勝つために軍艦や零戦を造っていたすごい技術者がいたからです。そして国民一人一人が生活で、エレベーターを止めます、蛍光灯を消しますと、石油なしでも成長が続くという体質改善をしちゃった。

経済復興でできた金では、自衛隊を創っています。これが二階。朝日新聞が幾ら悪口を書いても、ちゃんと志願者はいた。それから、北朝鮮の工作船を撃沈したでしょう。そうすると、海上自衛隊も保安庁も志願者がぐんと増えた。「日本人の命が危ないならやるよ」と。それは底力なんでしょうね。「馬鹿にされて黙っちゃいないぞ」ということが、やっぱりどこかにあるんです。日本には世界をリードする底力があるということに、多くの人が気づき始めた。

日本精神の回復、これからが三階作りです。そのきっかけは、日本語だと思いますよ。例えば「潔く」といいますね。これに相当する英語はないんです。グレゴリー・クラークというイギリス人の学者に聞いたら、目を白黒させて「ノー・コンプレイン」だろうかと言う。それは説明であってずばりの英語がないのかと、英語の大家の渡部昇一先生に聞いても、「ない」と。しいて言えば、百年前のイギリスにあった「マンリイ」、男らしいがそれに近いらしいですが、それにフェアプレイとかいろいろ合わせるとどうだろうかと二人で話したことがあります。「どこか恥じらいがある男はまだえらくなる」と私の女房は言うんですが、この「恥じらい」もそのものずばりの英語がない。言葉がないということは、それに相当する精神がないということです。日本人は、欧米礼賛だ進歩主義だといっても、日本語を使っていますから、「潔く」している人を見て、気持ちいいな、自分もこうしたいなと思ったら、それが意識の上に戻ってくる。意識の下にあるのが日本語なんです。

ですから、英語にできないことを慌てるのではなくて、日本にしかない精神を世界に広げていくことこそ、経済復興を既に果たしたこれからの日本のあり方ではないでしょうか。

⊙参考文献　※明治神宮所蔵資料はのぞく

・青井哲人「角南隆　技術官僚の神域——機能主義・地域主義と〈国魂神〉」『建築文化』第六三九号、平成十二年一月
・浅井愼平『セントラルアパート物語』集英社、平成九年
・芦原由紀夫『東京アーカイブス』山海堂、平成十七年
・飯野官吉『穏田の神様』文芸書房、平成九年
・家城定子『原宿の思い出』講談社出版サービスセンター、平成十四年
・五百旗頭　真『占領期　首相たちの新日本』講談社、平成十九年
・井門富二夫編『占領と日本宗教』未来社、平成五年
・池田　信『1960年代の東京』毎日新聞社、平成二十年
・石井　昭『ぼくの東京が燃えた』新日本教育図書、平成九年
・泉　麻人『青春の東京地図』晶文社、平成十三年
・井上　靖『昨日と明日の間・その日そんな時刻』新潮社、昭和三十七年
・猪瀬直樹『土地の神話』新潮社、平成五年
・上原敬二『人のつくった森　明治神宮の森造成の記録』東京農業大学、平成十三年
・内山正雄・蓑茂寿太郎『代々木の森』郷学舎、昭和五十六年
・大泉博子『ワシントンハイツ横丁物語』日本放送出版協会、平成五年
・大竹静市郎『写真で見る東京の激変』世界文化社、平成十七年
・大原康男『神道指令の研究』原書房、平成五年
・岡田米夫『神祇院終戦始末』神社本庁、昭和三十九年
・奥成　達『なつかしの昭和30年代図鑑』いそっぷ社、平成十七年
・「表参道が燃えた日」編集委員会編『表参道が燃えた日　山の手大空襲の体験記』同編集委員会、平成二十年
・川本三郎『郊外の文学誌』新潮社、平成十五年
・川本三郎『復刻版　岩波写真文庫　川本三郎セレクション』全五冊、岩波書店、平成十九年
・「岸田日出刀」編集委員会編『岸田日出刀』相模書房、昭和四十七年
・北　康利『同行二人　松下幸之助と歩む旅』PHP研究所、平成二十年

・君塚　太編『原宿セントラルアパートを歩く』河出書房新社、平成十六年
・近現代史編纂会編『写説　昭和30年代』ビジネス社、平成十八年
・日下公人『「道徳」という土なくして「経済」の花は咲かず』祥伝社、平成十八年
・日下公人『独走する日本』ＰＨＰ研究所、平成十九年
・月刊「環境ビジネス」編集部編『原宿ＥＣＯものがたり』日本ビジネス出版、平成十六年
・国分綾子編『鎊師森本安之助』森本安之助、昭和四十五年
・越澤　明『東京都市計画物語』筑摩書房、平成十三年
・阪本是丸『近代の神社神道』弘文堂、平成十七年
・佐藤一伯「明治神宮創建論の形成と展開」『神道宗教』第一九九・二〇〇号、平成十七年十月
・佐藤洋一『図説　占領下の東京』河出書房新社、平成十八年
・柴田裕治編『東京市山谷国民学校卒業50周年記念誌　杜の樹々』山谷小・昭18会、平成七年
・ＪＡ東京中央会他編『加藤源蔵　都市農業一筋に』家の光出版総合サービス、平成十八年
・渋谷区編『新修　渋谷区史』上中下巻、渋谷区、昭和四十一年
・渋谷区教育委員会編『渋谷の記憶』渋谷区教育委員会、平成十九年
・渋谷区区制施行70周年記念事業準備会編『図説渋谷区史』渋谷区、平成十五年
・渋谷区神宮前小学校創立50周年記念事業協賛会編『神宮前地域実体調査』渋谷区神宮前小学校創立50周年記念事業協賛会、昭和五十六年
・「新　渋谷の文学」編集委員会編『新　渋谷の文学』渋谷区教育委員会、平成十七年
・神社新報社編『神道指令と戦後の神道』神社新報社、平成八年
・神社新報政教研究室編『近代神社神道史』神社新報社、平成十五年
・神社本庁編『神社本庁十年史』神社本庁、昭和三十一年
・神社本庁研修所編『神社本庁史稿』神社本庁研修所、平成元年
・新宗連調査室編『戦後宗教回想録』ＰＬ出版社、昭和三十八年
・陣内秀信『東京の空間人類学』筑摩書房、平成四年
・鈴木博之編『伊東忠太を知っていますか』王国社、平成十五年
・角南　隆「明治神宮社殿の復興計画について」『新建築』第三十四巻三号、平成三十四年三月
・角南　隆『万物は生きている』パレード、平成十八年

・青南小学校36回同期会「記念誌」編集委員会編『あの頃 青山・青南時代 卒業50周年記念文集』青南小学校36回同期会、平成六年
・副島廣之『神苑随想』明治神宮崇敬会、昭和六十三年
・副島廣之『私の歩んだ昭和史』明治神宮崇敬会、平成元年
・曾原 榮『社団法人東京乗馬倶楽部沿革十年誌』曾原 榮、昭和七年
・大九報光会編『大九報光会のあゆみ』日本青年館、昭和六十三年
・大丸真美「伊東忠太の明治神宮社殿構想 神社建築観の推移」『明治聖徳記念学会紀要』復刊第四十三号、平成十八年十一月
・高梨由太郎『明治神宮書集』洪洋社、大正九年
・高橋靖子『表参道のヤッコさん』アスペクト、平成十八年
・田嶋 栄編『原宿1995』原宿表参道町会、平成六年
・伊達 巽「明治神宮の創建と発展」『神道史研究』第十三巻五・六号、昭和四十年
・たばこと塩の博物館編『昭和30年代物語』たばこと塩の博物館、平成十九年
・槌田満文編『東京記録文学事典』柏書房、平成六年
・帝国軍人教育会編『明治神宮御写真帖 附御造営記録』帝国軍人教育会出版部、大正九年
・東京乗馬倶楽部編『東京乗馬倶楽部沿革』東京乗馬倶楽部、平成八年
・東京都観光協会編『首都東京大観』東京都観光協会、昭和三十四年
・東京にふる里をつくる会編『渋谷区の歴史』名著出版、昭和五十三年
・「東京変貌」プロジェクトチーム編『東京変貌 航空写真に見るこの50年の東京』幻冬舎、平成十九年
・遠山 益『本多静六 日本の森林を育てた人』実業之日本社、平成十八年
・徳川元子『遠いうた』講談社、昭和五十八年
・内務省神社局編『明治神宮造営誌』内務省神社局、昭和五年
・永倉万治『昭和30年代通信』筑摩書房、平成二年
・中沢新一『アースダイバー』講談社、平成十七年
・中林啓治『記憶のなかの街 渋谷』河出書房新社、平成十三年
・西井一夫・平嶋彰彦『新編「昭和二十年」東京地図』筑摩書房、平成四年
・間組百年史編纂委員会編『間組百年史 1945―1989』株式会社間組、平成二年
・橋本憲一編『明治神宮御造営奉仕記念写真帖』明治神宮御造営奉仕記念之碑建設委員会、昭和三十八年

・原宿シャンゼリゼ会『原宿1983』原宿シャンゼリゼ会、昭和五十八年
・原宿シャンゼリゼ会『原宿1993』原宿シャンゼリゼ会、平成六年
・樋口清之・田村善次郎編『渋谷の歴史』渋谷氷川神社、昭和二十九年
・平岩弓枝『極楽とんぼの飛んだ道　私の半生、私の小説』講談社、平成十一年
・福島信義『時處位　福島信義献詠集』明治神宮社務所、平成十六年
・藤岡洋保「明治神宮の建築」上下『明治聖徳記念学会紀要』復刊第三十二・三十三号、平成十三年四月・八月
・藤岡洋保「神社建築に見る日本の近代」『春秋』第四六一号、平成十六年八月
・ブルーガイド編集部編『東京懐かしの昭和30年代散歩地図』実業之日本社、平成十七年
・保科順子『花葵　徳川邸おもいで話』毎日新聞社、平成十年
・本多静六『本多静六体験八十五年』橋本甚一、昭和五十三年
・前島康彦『折下吉延先生業績録』折下先生記念事業会、昭和四十二年
・前島康彦『田阪美徳先生遺稿集』田阪美徳先生記念会、昭和四十五年
・松井光瑤・内田方彬他『大都会に造られた森　明治神宮の森に学ぶ』第一プランニングセンター、平成四年
・宮島清次郎翁伝刊行会編『宮島清次郎翁伝』宮島清次郎翁伝刊行会、昭和四十年
・明治記念館五十年誌編纂委員会編『明治記念館五十年誌』明治記念館、平成十年
・「明治記念館のあゆみ」編纂委員会編『明治記念館のあゆみ』明治記念館、昭和六十年
・明治神宮外苑編『明治神宮外苑創建八十年記念写真集』明治神宮外苑、平成十八年
・明治神宮外苑七十年誌編纂委員会編『明治神宮外苑七十年誌』明治神宮外苑、平成十年
・明治神宮教学研究センター編『代々木　創立六十周年・婦人部結成三十周年記念誌』明治神宮崇敬会、平成十八年
・明治神宮五十年誌編纂委員会編『明治神宮五十年誌』明治神宮、昭和五十四年
・明治神宮社務所編『明治神宮写真帖』明治神宮社務所、大正十三年
・明治神宮社務所編『「明治神宮の森」の秘密』小学館、平成十一年
・明治神宮社務所・明治神宮復興奉賛会編『昭和三十三年　御遷宮記念写真帖』明治神宮社務所、昭和三十四年
・明治神宮農林水産物奉献会編『都市農業に息づく心』家の光出版総合サービス、平成十四年
・明治神宮奉賛会編『明治神宮外苑志』明治神宮奉賛会、昭和十二年
・森　清人『健兒奉仕隊寫眞帖』健兒奉仕隊本部、昭和三十年

・森　英恵『ファッション』岩波書店、平成五年
・森永博志『原宿ゴールドラッシュ　青雲篇』ＣＤＣ、平成十六年
・森本安之助・澤田美恵子『京の伝統工芸―技と美―錺の匠』京都工芸繊維大学、平成十九年
・矢島　輝編『千駄ヶ谷の歴史』鳩森八幡神社、昭和六十年
・安岡章太郎『僕の東京地図』文化出版局、昭和六十年
・山口輝臣『明治神宮の出現』吉川弘文館、平成十七年
・山本一力『ワシントンハイツの旋風』講談社、平成十五年
・山本夏彦・久世光彦『昭和恋々』文藝春秋、平成十四年
・吉野彰浩編『三丁目の夕日の時代　東京タワー篇』小学館、平成十九年
・吉野彰浩編『三丁目の夕日の時代　日本橋篇』小学館、平成十九年
・渡辺　汀編『歓暦　青南小学校第33回卒業生還暦記念誌』昭和六十三年

◉御協力いただいた方々　※敬称略、五十音順

青木信之（原宿表参道欅会）、家城定子、儀村浩之亮（株式会社儀村才治郎商店）、伊藤敦子（原宿竹下町町会）、井上秋夫、植木律子（株式会社ユウエスプランニング）、内田方彬、遠藤貴也、大竹道茂（明治神宮農林水産物奉献会）、大平美和子（明治神宮農林水産物奉献会）、小黒章光（株式会社森平）、加勢充晴（加勢造園株式会社）、加藤源蔵（明治神宮農林水産物奉献会）、嘉納寛治（社団法人東京乗馬倶楽部）、川崎俊夫（株式会社ラフォーレ原宿）、川村昭二（日本建築工芸設計事務所）、北田孟也、日下公人、國枝純一、黒川初江、桑原敏武（渋谷区）、毛塚　明（原宿表参道欅会）、黒澤　一（明治神宮靖國神社献饌講）、佐藤銀重（原宿穏田商店会）、佐藤モト（原宿きさらぎ会）、佐藤　豊（渋谷区郷土資料デジタル化保存推進準備室）、重永　忠（原宿表参道欅会）、陣内秀信、鈴木暁子、鈴木銀三郎（千駄ヶ谷地区町会連合会）、鈴木　均、寺田小太郎、寺田近雄、外山勝志（明治神宮名誉宮司）、外山マリ子、中村詔雄（株式会社中村詔雄社寺建築設計事務所）、原　昌三（社団法人日本馬術連盟）、半田庄司（神宮前地区町会連合会）、平岩一枝、平岩弓枝、藤岡洋保、星野太朗（大九報光会）、松井誠一（原宿表参道欅会）、松田一敏、松山克男、麦田トラ、武藤文昭（株式会社間組）、村上　博（代々木四丁目町会）、村田元成（小田急電鉄株式会社）、森顕、森泉、森本安之助（株式会社森本錺金具製作所）、矢部俊男（森ビル株式会社）、山口佐知子（森ビル株式会社）、山崎　貴（白組）、山本一力、山本英明子（株式会社ラフォーレ原宿）、山本英利子、山本正旺（原宿表参道欅会）、柚木　猛（相原印刷株式会社）

数字で見る
復興造営

◉尺貫法とメートル法の換算目安表

長さ	1尺(しゃく)	30.3cm
	1寸(すん)	3.03cm
	1分(ぶ)	3mm
	1厘(り)	0.3mm
距離	1町(ちょう)	109m
	1間(けん)	1.82m
	1尺(しゃく)	30.3cm
面積	1畝(せ、ほ)	99m²
	1坪(つぼ)	3.3m²
重さ	1貫(かん)	3.75kg
	1斤(きん)	600g
	1匁(もんめ)	3.75g
容積	木材1石(こく)	0.278m³
	1斗(と)	18ℓ
	1升(しょう)	1.8ℓ

◉造営資材

木材		
檜(ひのき)	7,528石余	2092.78m³
杉(すぎ)	3,412石余	948.54m³
栂(つが)	122石余	33.92m³
樫(かし)	2石	0.56m³
木材合計	11,064石余	3075.8m³
その他		
セメント	11,000袋	550t
石材	28,000貫、1尺角、約14貫の石切で20,000切分	105t、30.3cm角、約52.5kgの石切で20,000切分
鋼材	31,192貫	117t
銅板	12,000貫、長さ2尺、幅6寸、厚さ1厘の銅板で約15万枚	45t、長さ60.6cm、幅18.18cm、厚さ0.3mmの銅板で約15万枚分

●復興社殿の規模

復興造営の部分		
本殿（流造　縋破風付）	32坪85	108.40㎡
祝詞殿（切妻造）	19坪80	65.34㎡
内拝殿（切妻造　正面千鳥破風 唐破風付）	62坪17	205.16㎡
神庫（切妻校倉造）	3坪50	11.55㎡
透塀北門（切妻四脚門造）	1坪58	5.21㎡
東渡廊（切妻造）	15坪75	51.97㎡
西渡廊（切妻造）	15坪75	51.97㎡
神饌所（入母屋造）	18坪00	59.40㎡
祭器庫（切妻造）	13坪50	44.55㎡
外拝殿（入母屋造）	92坪46	305.11㎡
直会殿（切妻造）	18坪00	59.40㎡
東複廊（切妻造）	26坪17	86.36㎡
西複廊（切妻造）	26坪17	86.36㎡
神饌所渡廊（切妻造）	13坪50	44.55㎡
外院廻廊（切妻造）	17坪10	56.43㎡
上記合計	376坪30	1241.8㎡
内透塀（切妻造）	73間00	132.86m
外透塀（切妻造）	91間00	165.62m

残存建物で補修並びに屋根葺替の部分		
内院廻廊（切妻造）	66坪50	219.45㎡
外院廻廊（切妻造）	112坪50	371.25㎡
南神門（八脚楼門造）	12坪61	41.61㎡
東神門（切妻冠木構四脚門造）	4坪96	16.36㎡
西神門（同上）	4坪97	16.40㎡
北神門（同上）	3坪61	11.91㎡
宿衛舎（切妻造）	21坪58	71.21㎡
祓舎（同上）	16坪64	54.91㎡

南手水舎（切妻造）	6坪50	21.45㎡
東手水舎（同上）	3坪61	11.91㎡
西手水舎（同上）	3坪61	11.91㎡
上記合計	257坪09	848.3㎡
新築及び補修部分の合計	633坪39	2,090㎡
社殿桁行・梁間・棟高		
本殿	桁行29尺7寸、梁間30尺、棟高45尺	桁行9m、梁間9.09m、棟高13.6m
祝詞殿	桁行24尺、梁間29尺7寸、棟高34尺	桁行7.27m、梁間9m、棟高10.3m
内拝殿	桁行45尺、梁間27尺、棟高34尺	桁行13.6m、梁間8.18m、棟高10.3m
外拝殿	桁行56尺9寸、梁間36尺9寸、棟高42尺	桁行17.2m、梁間11.2m、棟高12.7m
社殿柱		
本殿	直径1尺7寸、長さ22尺で大小、目方125貫、18本	直径0.515m、長さ6.6mで大小、目方0.46ｔ、18本
内拝殿	直径1尺3寸、長さ15尺2寸で大小、40本	直径0.394m、長さ4.6mで大小、40本
外拝殿	直径1尺6寸5分、長さ15尺2寸で大小、30本	直径0.50m、長さ4.6mで大小、30本
本殿扉		
内陣中央	長さ9尺9寸2分、幅4尺5寸、2枚	長さ3m、幅1.36m、2枚
内陣左右	長さ9尺9寸2分、幅2尺3寸、4枚	長さ3m、幅0.69m、4枚
外陣	長さ8尺6寸、幅3尺8寸、2枚	長さ2.6m、幅1.15m、2枚
本殿千木・勝男木		
千木（ちぎ）	長さ16尺5寸、幅1尺3寸	長さ5m、幅0.39m
勝男木（かつおぎ）	長さ10尺、小口径2尺	長さ3.03m、小口径0.6m
地上から千木までの高さ	53尺	16m

『明治神宮　戦後復興の軌跡』年表

	明治神宮	渋谷	参考
昭和20年（1945）	4・14　空襲により本殿及び拝殿炎上 4・22　仮祭場の建設着工 5・24-26　社務所他施設被災 9・11　仮殿地鎮祭 9・18　外苑を米軍が接収	5・24-26　大空襲で区内の大半が焦土に 9月　旧代々木練兵場に米軍駐留地ワシントンハイツ開設	8・15　終戦の詔勅放送 8・28　連合軍先遣部隊上陸 9・2　降伏文書調印 12・15　神道指令
昭和21年（1946）	1・20　明治神宮初の神前結婚式斎行 5・13　宗教法人令により神宮規則届出 5・31　仮殿遷座祭 6・1　明治神宮崇敬会結成	3月　都内国民学校の整理統合実施。原宿国民学校（旧穏原小学校）と仰徳国民学校（旧千駄ヶ谷第二小学校）廃校	2・2　宗教法人令改正 2・3　神社本庁設立 11・3　日本国憲法公布
昭和22年（1947）	5・1　第一回崇敬者大祭 7・30　明治神宮こども会設立 11・1　明治記念館開館式	4月　区内公立国民学校、区立小学校と改称 5月　町会、隣組を解散	3月　都内三十五区を二十二区に統合 5・3　日本国憲法施行 8月　東京都の区が二十三区になる
昭和23年（1948）	1・1　各手水舎に御製御歌奉掲 6・15　御苑一般公開	8月　忠犬ハチ公銅像が再建、除幕式	7・20　国民の祝日に関する法律公布
昭和24年（1949）			12月　湯川秀樹、ノーベル物理学賞受賞

昭和25年（1950）	5・28 昭憲皇太后御生誕百年記念祭 10・3 仮社務所竣功奉告祭 11・1 鎮座三十年祭	6・1 渋谷文教地区が指定される ― キデイランド開店	6・25 朝鮮戦争勃発
昭和26年（1951）			5・17 貞明皇后崩御 9・8 対日平和条約・日米安全保障条約調印
昭和27年（1952）	4・1 明治神宮外苑部設置 4・10 外苑接収解除奉告祭 7・30 明治天皇四十年祭 10・22 宗教法人「明治神宮」成立 11・3 明治天皇御生誕百年記念祭 12・16 国有境内地譲与許可		4・28 対日平和条約・日米安全保障条約発効 7・1 羽田空港業務開始
昭和28年（1953）	7・27 明治神宮復興奉賛会設立	9月 宮下・神宮通公園開設 11月 青山に日本初のスーパー紀伊國屋開店	2・1 NHKテレビ本放送を開始 12・22 銀座に街路灯復活
昭和29年（1954）	4・11 昭憲皇太后四十年祭	2月 山谷小学校PTAなどがワシントンハイツ独身将校宿舎建設反対の環境浄化運動を起す	2・1 マリリン・モンロー来日 3・1 アメリカ、ビキニで水爆実験
昭和30年（1955）	3・1 造営委員会発足 4・1 臨時造営部発足 6・26 木本祭 9・11 お木曳	12月 池袋・渋谷間にトロリーバス開通	8・18 トランジスターラジオ誕生

昭和31年（1956）	1・16 仮殿移築工事開始 2・15 仮殿遷座祭 3・14 製材始式 4・18 地鎮祭 5・30 釿始祭	― 穏竹町会が正式に発足 1月 渋谷区日米連絡協議会設置	10・19 日ソ国交回復共同宣言 12・18 日本、国連加盟
昭和32年（1957）	5・7 立柱祭 8・24 上棟祭	4・1 千駄ヶ谷・原宿・代々木地区、文教地区に指定 4月 東急文化会館開館	10・4 ソ連、人工衛星スプートニク打ち上げ
昭和33年（1958）	6・23 隔雲亭復興竣功式 10・26 本殿遷座祭前儀宝庫遷御の儀 10・29 洗清 10・30 清祓・新殿祭 10・31 本殿遷座祭遷御の儀 11・1 本殿遷座祭奉幣の儀 11・2 奉祝第二日の儀 11・3 例祭 11・4 天皇皇后両陛下御参拝 11・4–14 奉祝祭 12・20 臨時造営部廃止。営繕課新設	― 原宿セントラルアパート完成 10月 千駄ヶ谷地域の町界・町名・地番の整理改正が行われる	4・5 巨人の長嶋茂雄、公式戦デビュー 5月 「スバル360セダン」発表 6・24 熊本県阿蘇山大噴火 8・25 日清食品「チキンラーメン」発売 10・21 プロ野球日本シリーズで西鉄ライオンズ三連覇 11・27 皇室会議、皇太子妃に正田美智子さま決定 12・23 東京タワー完成

あとがき

本書は、明治神宮復興五十年を記念し、明治神宮と鎮座地渋谷の戦後の歩みを綴ったものです。

制作にあたっては、明治神宮所蔵資料の調査のほか、復興造営に携った方々及び渋谷の歴史に詳しい方々へ幅広く聞き取りを行いました。編集については、まず一章と二章で戦災焼失から昭和三十三年に再建を果たすまでの明治神宮の歴史をまとめました。三章では、周辺地域での聞き取りの成果を、当時の貴重な写真や地図とともに紹介しました。最後に、復興五十年の歩みから私達が何を学び得るかをテーマにした各界専門家の視点を、第四章に収録しました。

筆者の力不足のため内容に不備な点も少なくないと思われます。お気づきの点がありましたら御一報いただければ幸いです。ひとりでも多くの方々に本書を手にとっていただけますようにと願ってやみません。

最後に本書の資料引用の方法等についてお断りしておきます。引用に際しては、原則として旧字を新字に改め、また旧仮名は新仮名に直したものがあります。明らかに誤記・誤植と思われる箇所は、筆者の判断で適宜これを訂正し、また読み仮名や句読点を加除するなどの手を加えました。年代の表記については年号を優先しました。

文献の出処は、本文中でもカッコ内に一部明示しましたが、巻末に参考文献の一覧表を付しました。なお数量表記は、当時の時代背景を考慮し尺貫法による換算数値をそのまま使用しています。メートル法での概数換算方法等についても巻末にまとめましたので御参照ください。

本書の刊行に当り、取材に協力くださった方々、写真・文献等の資料を提供くださった方々については別記しましたので、ここでは一人一人のお名前を挙げることは割愛させていただきますが、お世話になりました関係各位には心より厚くお礼申し上げます。終りに、企画から出版に至るまで終始筆者を励まし、また御指導くださった鹿島出版会出版事業部長の田村淳一氏、同事業部の三宮七重氏に感謝の意を表します。

ありがとうございました。

平成二十年八月

明治神宮国際神道文化研究所主任研究員　今泉宜子

明治神宮　戦後復興の軌跡

平成二十年十月一日　発行©

編者

明治神宮国際神道文化研究所主任研究員

今泉《いまいずみ》宜子《よしこ》

発行者

明治神宮社務所

東京都渋谷区代々木神園町一―一　TEL〇三―三三七九―五五一一㈹

発行所

株式会社鹿島出版会